从0到1学
商业模式

商业模式的全新进化，
重构企业核心价值

胡江伟◎著

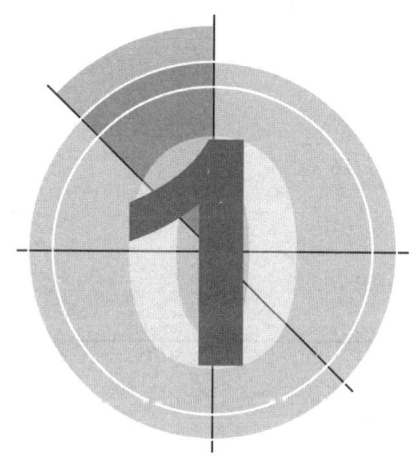

中华工商联合出版社

图书在版编目(CIP)数据

从0到1学商业模式 / 胡江伟著. -- 北京：中华工商联合出版社，2022.6
ISBN 978-7-5158-3459-7

Ⅰ.①从… Ⅱ.①胡… Ⅲ.①商业模式 Ⅳ.①F71

中国版本图书馆CIP数据核字(2022)第094126号

从0到1学商业模式

作　　者：	胡江伟
出 品 人：	李　梁
责任编辑：	胡小英
装帧设计：	王玉美　王　俊
排版设计：	水日方设计
责任审读：	付德华
责任印制：	迈致红
出版发行：	中华工商联合出版社有限责任公司
印　　刷：	北京毅峰迅捷印刷有限公司
版　　次：	2022年7月第1版
印　　次：	2025年4月第22次印刷
开　　本：	710mm×1020mm　1/16
字　　数：	200千字
印　　张：	15
书　　号：	ISBN 978-7-5158-3459-7
定　　价：	58.00元

服务热线：010－58301130－0（前台）
销售热线：010－58302977（网店部）
　　　　　010－58302166（门店部）
　　　　　010－58302837（馆配部、新媒体部）
　　　　　010－58302813（团购部）
地址邮编：北京市西城区西环广场A座
　　　　　19－20层，100044
http://www.chgslcbs.cn
投稿热线：010－58302907（总编室）
投稿邮箱：1621239583@qq.com

工商联版图书
版权所有　侵权必究

凡本社图书出现印装质量问题，请与印务部联系。
联系电话：010－58302915

前言
Preface

现代管理学之父彼得·德鲁克说过：当今企业之间的竞争，已经不再是产品与服务之间的竞争，而是商业模式之间的竞争。这足以说明商业模式对一家企业的重要性。

成功的公司和企业很多靠的都是好的商业模式。例如滴滴出行几乎不拥有出租车，却靠汽车出租赚得盆满钵满；小猪民宿几乎不拥有任何一家酒店，却在国内酒店出租行业占据半壁江山；淘宝平台上卖的商品，绝大多数不属于阿里巴巴，但阿里巴巴却能坐上电商平台的第一把交椅；拼多多作为电商领域的后起之秀，却能在短时间内从"草根"实现逆袭，跻身电商第一阵营；多点无货源、无仓库、无囤货，却能作为一个新兴平台，做得风生水起……

这些企业或平台连自己的产品都没有，却凭借纯粹的商业模式，把自己变得越来越强大。这就是商业模式的力量。

但当前的现状是，有很多企业家、创业者、经营者对于商业模式还没有深入、透彻的认识和了解，也不知道如何借助商业模式有的放矢地开展商业活动，具体表现如下。

首先，中小微创业者在创业起步阶段，还没有商业模式意识。它们在没有确立商业模式的基础上，一味地强调执行，结果使得企业在开始就朝着错误的方向前行，离成功越来越远。

其次，有一定发展基础的企业，虽然在进行商业活动的过程中，它们的商业模式已经形成了，但它们并没有意识到商业模式的存在，更没有对自己的商业模式进行梳理，没有使之变得更加具有科学性、条理性、目的性、规划性。因此，它们的商业模式一直处于模糊不清的状态。

最后，转型企业的商业模式与转型后的发展不相适应。但它们并没有意识到商业模式创新的重要性，还依旧沿袭以往的商业模式。这使得它们存在转型失败，甚至被市场直接淘汰的风险。

从以上现状来看，对于企业家、创业者、经营者来说，从0到1学习商业模式，真的迫在眉睫，甚至意义重大。找到一种合适对路的商业模式，可以帮助企业快速获得某些必要的商业资源，从而奠定其未来的市场竞争力。不懂商业模式，不会用商业模式，何谈成功创业？何谈生意赚钱？何谈企业做大做强？

本书在内容排布上，共分为三大部分：

第一部分，绪论篇，读懂商业模式的智慧。这是学习商业模式迈出的第一步。旨在帮助读者认识商业模式，探索商业模式变革背后的原因，厘清商业模式的构建思维。

第二部分，践行篇，掌握主流商业模式的落地方法。这里共分为七大板块，其下共有39个成功的商业模式案例，供读者学习和鉴赏。这些商业模式可以帮助企业掌握聚合流量技巧、挖掘客户价值方法，以及流量变现方式。

第三部分，优化篇，聚焦商业模式选择的智慧。主要是帮助读者掌握判断、选择优秀商业模式的方法和技巧，以便进一步提高企业创业、经营、转型的成功概率。

本书从理论到实践再到提升，步步为营，共同构成了一个完整的有机系统。而且语言通俗易懂，文字力求简洁，案例丰富翔实。

时代在变，市场经济在变，科学技术在变，不懂商业模式，企业走不长，做不强。本书中讲到的主流商业模式并不一定永远适用，但一家企业要想持续发展，必须学习商业模式，必须拥有适合自身，且能够抵御其他竞争对手的商业模式，为自己构建强有力的"护城河"。这是优秀企业成长的必经之路。

目录
Contents

第一部分 绪论：读懂商业模式的智慧

第一章　从零开始认识商业模式　　001

什么是商业模式　　004
商业模式的价值　　007
商业模式的进阶史　　010
商业模式≠盈利模式　　015
商业模式重构企业价值　　019
商业模式越巧，潜在风险越大　　022

第二章　探索商业模式变革的背后　　025

消费升级带来模式突破　　026
资本增值驱动模式迭代　　029

技术变革带来模式变革　　　　　　　　　　　　031

市场竞争推动模式进化　　　　　　　　　　　　035

第三章　厘清商业模式的构建思维　　　　　　037

入口思维：解决流量来源问题　　　　　　　　　038

跨行思维：从老业务到跨行寻求利润　　　　　　041

平台思维：实现资源整合与流通　　　　　　　　044

生态思维：构建利益生态体系　　　　　　　　　047

资源思维：资源得到合理配置　　　　　　　　　050

增值思维：实现企业价值增值　　　　　　　　　054

逆向思维：不可思议才更显格局　　　　　　　　057

第二部分　践行：掌握优秀商业模式落地方法

第四章　免费、低价模式：放长线，钓大鱼　　063

屈臣氏：免费体验引流，购买付费增效　　　　　064

商超：免费抽奖引流变现　　　　　　　　　　　068

王者荣耀：主业务免费，周边产品或服务付费　　071

小米：产品低价销售，服务额外收费　　　　　　074

花西子：产品组合优惠，低价占领用户心智　　　077

钱眼公众号：订阅时间越长越优惠　　　　　　　079

第五章　个性化定制模式：满足不同消费需求　081

海尔：产品定制模式，满足消费者的个性化需求　082
尚品宅配模式：服务定制，提供适合消费者的服务　085
DR钻戒：私人定制模式，让消费者获得独一无二的体验　089
杭州叶子网络：众包定制模式，实现定制规模化　092

第六章　新零售模式：改变零售商业格局　096

淘宝：平台模式，线下零售迁移线上　096
河狸家：O2O模式，线上线下深度融合　099
拼多多：拼团+砍价模式，实现流量精准裂变　103
抖音：短视频+直播带货模式，引流变现快人一步　107
当当网：自营+联营模式，低价实现平台与商家共赢　111
唯品会：特卖模式，低价好货赢得人心　114
有赞：分销模式，让更多人成为分销员　118
瓜子二手车：直销模式，没有中间商赚差价　121
盒马鲜生：加工+店中店模式，快速增长营业额　124
淘咖啡：自助服务模式，消费者自己动手丰衣足食　127

第七章　产业整合模式：实现轻资产轻运营　131

小猪民宿：租赁共享模式，盘活闲置房源　132
神州租车：出行共享模式，创造经济利益　136
百度文库：内容共享模式，实现知识共享变现　140
达达快送：劳务共享模式，实现人力资源合理配置　143
优客工场：办公共享模式，借空间共享创富　146

第八章　金融杠杆模式：借力众筹放大受益　　151

水滴筹：捐赠众筹模式，以健康之名将爱传递　　152
京东众筹：奖励众筹模式，投资金得产品　　155
天使汇：股权众筹模式，向企业分红获取利润　　159
3W咖啡：会籍式众筹模式，创意分享合作交流　　162

第九章　投行模式：实现资源有效整合与调配　　165

苹果：OEM模式，有效弥补自身短板　　166
网易严选：ODM模式，优化供应链各环节　　170
华硕：OBM模式，打造自有品牌翻身做主　　173

第十章　一切好的模式都值得学习　　177

星巴克：外带模式，有效提升时间和坪效效率　　178
海底捞：差异化服务模式，全方位攻心　　182
达美乐比萨：超时免费送模式，做足长线生意　　186
亚马逊：长尾模式，为小众产品重塑市场　　189
腾讯：跨行模式，涉足多领域扩大商业版图　　193
斯沃琪：金字塔模式，借产品矩阵站稳市场　　197
樊登读书会：付费阅读模式，轻松演绎知识变现　　201

第三部分 优化：聚焦商业模式选择的智慧

第十一章 择善而从：模式选择比努力更重要　　209

好的商业模式满足的标准　　210

适合自己的才是最好的　　214

前瞻性指引长远发展　　217

有效方能见成效　　220

在变革中与时俱进　　224

PART 01

第一部分

绪 论

读懂商业模式的智慧

>> 从0到1学商业模式

第一章 CHAPTER 01

从零开始认识商业模式

一个好的项目，一定需要好的商业模式才能有效推进，才能取得成功。可以说，商业模式是关系到企业生死存亡、兴衰成败的大事。企业要想用好商业模式，首先要从根本上认识商业模式，这是企业竞争制胜的第一步。

什么是商业模式

不同的时代、不同的行业有不同的商业模式。随着当前互联网、移动互联网的普及，商业模式的类型更加丰富，呈现出多样化特点。有很多企业借助特殊的商业模式，打造出属于自己的商业版图。

同样是卖咖啡，但在众多卖咖啡的店铺中，霍华德·舒尔茨却用自己的一套方法，将咖啡标准化，再加上一定的管理模式、组织模式，就将自己的产品实现了品牌化，从而诞生了星巴克。之后，再通过将这套方法进行复制，就将星巴克卖到了全世界。而这套方法，就是商业模式。

具体来讲，究竟什么是商业模式呢？

1. 商业模式的定义

绝大多数人对"商业模式"这四个字的理解，是推动企业成长、壮大并能为企业获得盈利的模式。但这种理解并不够全面。

在谈及什么是商业模式时，我们需要先从模式上来理解。模式，通常被认为是人们用来解决某类问题的方法、方案等。模式更强调的是那些重复出现的事件中所蕴含的抽象规律。当这种规律被保留下来，就形成了某种模式。显然，模式具有可复制的特点。

商业模式简单的理解就是一个企业为了解决商业问题而构建的方法、方案。商业模式就是一种包含诸多要素与关系的工具，是企业运作的核心逻辑。

因此，商业模式较为全面的定义是：解决企业与企业之间，企业与部门之间，企业与顾客之间、与渠道之间、与合作伙伴、与供应链上下游之间存在各种各样的有关交易关系和价值交易的方法、方案。

2. 商业模式模型六要素

商业模式的本质就是一群利益相关者将自己的资源能力投进来，形成一个交易结构。如果这个交易结构能够持续交易下去，那么就会创造出更多新的价值，然后每一个利益方都会按照一定的盈利方式获得相应的价值。如果每一个利益方获得的价值超过了它们起初投入的资源能力的成本，这就意味着这个交易结构十分稳固。这个交易结构就是商业模式模型。

商业模式模型，包含以下几个构成要素：

（1）战略定位

一个企业，要想在市场中取胜，首先需要明确自己需要做什么，需要通过什么方式用自己的产品和服务换取客户价值。这就是战略定位。战略定位在商业模式中起着决定性作用。

（2）业务系统

企业在实现定位目标的过程中，利益相关者之间产生合作交易的方式。业务系统是商业模式的核心元素。

（3）盈利模式

盈利模式是企业与利益相关者之间赚取收入、获得利润的方式。

（4）关键资源能力

在企业运转过程中，需要各种重要的资源和能力来加持。而这些重要的资源和能力，就是关键资源能力。

（5）现金流结构

企业的发展离不开现金的支出和收入。现金流结构是商业模式模型中的重要元素之一。不同的现金流结构，体现出了企业商业模式的不同，同时也影响着企业成长速度的快慢，决定企业资金投入价值的高低。

（6）企业价值

这里的企业价值，其实是指企业的投资价值，是企业用来判断商业模式优劣的标准。

一个企业的发展，需要商业模式的推动，才能使得利益相关者贡献出更多的价值，为企业重塑活力。了解和认识商业模式，对后续使用商业模式为企业赢得更长久的发展打好基础。

商业模式的价值

商业模式是企业正常运转的底层逻辑和商业基础,没有哪个企业脱离商业模式还能够获得良好的发展。依存完善的商业模式,企业可以更加科学、高效地运作。

有人问巴菲特投资企业最关注的是什么时,巴菲特果断地回答:"商业模式。"这足见商业模式在这位伟大的投资家眼中的重要性。

总体上看,商业模式的价值,主要包含以下几个方面。

1. 创造价值、传递价值、获取价值

商业模式的价值,首先在于"创造价值""传递价值""获取价值"。换句话说,商业模式价值就是通过企业创造什么价值,通过什么方式将价值传递出去,借助什么方法将价值回收回来。由此形成一个良性循环,保证企业能够持久运作下去。

创造价值，是为解决客户需求问题而构建有效的解决方案。

传递价值，是通过企业在各种关系中的资源合理配置，实现价值交付。

获取价值，是企业借助一定的盈利模式获取持久的利润。

2. 包装商机，用价值赚取盈利

商业模式的一个重要价值，就是能够帮助企业、商家把握商业机会，并将机会中蕴含的价值转化为盈利。这就好比你拿着一块布，不做任何设计，那它只能是块布，只能具有商业机会。但如果将其在设计、裁剪、销售、运输等各个流程上走一遍，其蕴含的价值就会很好地体现出来，价值也会进一步转化为盈利。而这块布所走的流程，就是一种商业模式。可以说，商业模式是对商业机会的一种包装，将商业机会变为一整套运营方法或体系，然后再通过方法或体系，让价值变现。

3. 打通产业链，增强竞争能力和抗风险能力

商业模式本身就是一个包含着企业与供应链上下游之间存在各种各样的有关交易关系和价值交易的方法、方案。所以，商业模式还具有打通产业链的作用。

企业产业链是一个基于"研、产、销"而形成的链条式关联关系形态，它将上游的原材料供应，中游的生产加工，下游的市场营销全部纳入企业的掌控之中。

每个企业只有将上、中、下游全部打通，才能拥有极强的竞争能力以及抗风险能力。如果产业链上某一环节出现风险，企业也可以依靠全产业链的整体效能抵抗风险，并获取利润。

4. 构建平台，实现资源有效整合

平台是一个很好的东西。有了平台，大家都可以聚集在这里。商业模式就是一种包含诸多要素与关系的工具。也正是这样一个工具，将与企业相关联的企业顾客、渠道、合作伙伴、供应链上下游都有效地聚集到一个平台上，形成一个超大的平台生态系统，把更多的资源整合在平台上，实现有钱大家一起赚。

> 例如，传统的线下零售，往往是厂家找经销商，经销商找客户，客户找货源。这样对于任何一端，都十分浪费时间成本。阿里巴巴则把自己做成了一个平台，在这个平台上，聚集了厂家、客户，阿里巴巴左手整合了上游资源，右手整合了下游资源，自己不用生产产品，就建立起了整个买卖市场，成了供应链平台巨头。

5. 跨界混搭，经营思路多样化

在市场竞争中要想脱颖而出，企业首先要做多面手。换句话说，要做功能组合。常见的是社区商业模式，即将餐饮、蔬菜店、超市、便利店等聚合在一起，以小租户经营为主。这对于商户来讲，可以有效缓解租金压力，同时还通过经营思路多样化，实现高效引流和高效变现。

当前企业的竞争，已经不再是传统的产品竞争，而是商业模式的竞争。企业要想在竞争中取胜，就需要从制定适合自己的商业模式开始。

商业模式的进阶史

人类社会是在人类文明不断变革的过程中向前发展的，同样经济社会也是在商业模式的不断演变中向前推进的。商业模式的发展历程，其实就是一部进阶史。

商业模式为什么会不断进阶呢？

原因一：经济环境发生了巨大变化

随着信息化、经济全球化以及高科技的飞速发展，使得经济环境也随之发生变化，这就给已有商业模式的持续推进带来了极大的挑战。无论商业模式如何改善，都需要以更加适合新经济环境为前提，进而被更加先进的商业模式所取代。企业为了迎合新经济环境的变化，就会对商业模式进行创新，以保证自己有利的竞争地位。

原因二：消费者需求的不断升级

随着消费者信息获取渠道的增加，认知水平的不断提升，消费能力的不断增强，消费者的消费需求也随之产生一系列变化，个性化消费、互动式消费、体验式消费、审美消费等成为全新的消费需求。消费者更加注重消费乐趣以及消费的精神愉悦感，而不只是产品本身。这些明显的变化，说明消费者已经变得越来越挑剔，同时也表明消费者的消费需求逐渐从低层次向高层次延伸。在这样的情况下，原有的商业模式显然已经难以满足消费者新的需求，急需进行商业模式创新，以便更好地应对消费需求不断升级的趋势。

原因三：已有商业模式趋同化

随着成功的商业模式被越来越多的企业模仿，使得这些已有的商业模式逐渐趋同化。这时，企业如果想要重新获得竞争优势，就需要对商业模式进行创新。

没有哪一种商业模式是一成不变的，只有对商业模式不断调整和创新，企业才能获得持久的竞争力。

改革开放以来，商业模式的发展历程，一共经历了以下几个阶段。

产销一体化模式

在这个阶段，由于物资相对匮乏，生产力不够强，消费者的需求也较为简单。在这个时候，市场供不应求，定价权掌握在生产者手中。大多数企业、商家的商业模式，采用的都是产销一体化模式，即生产者将产品交给联营企业销售。作为中间商的联营企业，只能售卖系统里生产企业的产品，不得售卖系统外的产品。当产品生产出来之后，就会在市场中开个商店进行销售。这一模式可以看作是直销模式的雏形。

厂商合作化模式

随着生产能力逐渐提升，供求关系的趋于平衡，消费者不再满足于在一家商店只能购买到一种商品的消费模式，于是厂家与零售商便开始合作，从而形成了厂商合作化模式。这种商业模式下，生产商和销售商出现了分离，各司其职。由此，一家商户也不再销售一种单一的产品。随后，零售商又逐渐演变出了经销商、分销商等销售渠道。

厂商合作化模式中，最具代表性的就是娃哈哈集团。娃哈哈集团成立于1993年，先后在全国31个省市，选择了1000家经销商，组成了几乎覆盖中国绝大多数乡镇的厂商合作销售体系。在销售渠道不断扩大之后，也为娃哈哈带来了更强的市场竞争力。之后，娃哈哈又与经销商共同建立了特约二级分销商，进一步强化了其产品在市场中的渗透力。在厂商合作化模式下，娃哈哈一举打败竞争对手，成为行业领军者。

产业链化模式

随着互联网的不断渗透，电商也随之崛起。这个时候，供求双方的信息越来越透明化。一方面，消费者获取产品信息的渠道越来越多；另一方面，生产厂家的竞争加剧，利润空间越来越小，如何让消费者更好地认识、认可、购买自己的产品，这些问题迫在眉睫。

于是，产业链化模式油然而生。产业链化模式，是指企业通过横向或纵向延伸，为消费者提供更加完善、系统的价值，实现产业链上、中、下游与消费者之间的价值交换。由此演化出三种类型：

（1）横向模式

横向模式，即对产业链上的同类型企业之间进行整合、并购，从而扩大本企业在市场中的竞争优势，甚至垄断整个市场。

> 例如：阿里巴巴收购雅虎中国的全部资产，并享有雅虎品牌以及技术在中国的独家使用权。
>
> 再如：国美以"股票+现金"的方式并购了永乐，之后国美则成为中国家电零售业中最具实力的企业。

（2）纵向模式

纵向模式，即对产业链上下游企业进行跨界整合，以此提升企业的市场竞争力。

（3）混合模式

混合模式，即商业模式中既有横向模式，又有纵向模式。

生态系统化模式

随着互联网、移动互联网的进一步渗透，人们的生活、工作与互联网、移动互联网的关系越来越紧密。商业的发展也离不开互联网、移动互联网。由此，形成了一个以互联网、移动互联网为核心的生态圈系统。在这个生态圈系统中，每种资源都得到了有效配置和合理利用，每种资源的价值都得到了最大化释放。企业内外部资源协同合作，实现企业与用户之间，甚至是竞争对手之间的价值共创、共享、共赢。

> 小米在进行产品设计时，往往邀请小米用户参与其中。不但与小米用户建立了良好、融洽的关系，还能通过发挥小米用户的

聪明才智，帮助小米研发出更加新奇的产品，使得小米在市场竞争中能够快人一步抢占先机。

商业模式总是会在时代的需求下进行创新，不断做出改进。也就是说，任何一个商业模式，都会过时。企业唯有认清当前市场环境，认清自身实际情况，选择更加适合自己的商业模式。

商业模式≠盈利模式

很多人对商业模式的理解，存在一定的误区。一个比较典型的误区，就是认为商业模式就是赚钱模式，商业模式就是盈利模式。事实上，商业模式并不等于盈利模式。

商业模式主要包含八个部分：产品模式、用户模式、推广模式、运营模式、业务模式、盈利模式、渠道模式、管理模式。

1. 产品模式

产品模式，就是企业用什么方法或方案解决用户的产品或服务需求问题。真正的实体企业，都必须以产品为驱动，推动企业的不断发展。

在进行产品设计的时候，一定要从以下几个问题去思考：

（1）你的产品是什么？

（2）你的产品有没有层次感，是否能为自己盈利的同时带来品牌效应？

（3）你的产品能给用户带来什么好处？解决什么问题？

（4）你的产品是否有"爆点""亮点"？

（5）你的产品是否做到了精与简？

产品模式，重点在于如何提升产品的竞争力，并做好产品的迭代与创新。

2. 用户模式

用户模式，就是如何用产品迎合目标用户群体的需求。如果任何人都可以是你的用户，你的产品能满足任何人的需求，那么就等于没用户模式。

企业在发展过程中，一定要充分了解目标用户群体的真正需求，然后根据他们的需求创造出更有针对性的产品。这样才能更好地满足消费者。

3. 推广模式

推广模式就是如何通过有效的推广方式，让更多的目标用户认识、了解、爱上你的产品。

"酒香也怕巷子深"。任何产品，做得再好，如果没有好宣传和口碑，也是难以在市场中迅速占据有利地位的。

有不少企业在做推广时，会拿出充足的经费，但最终的推广效果却差强人意。好的产品，需要根据你的产品设计出相应的推广方式去扼住用户需求的喉咙，而不是盲目营销。

真正有效的推广模式，不仅能够将产品信心传递给消费者，还能通过消费者反馈，进一步做好产品完善和创新。

4. 运营模式

运营性商业模式，主要是帮助企业解决如何提升效率、降低成本、弱化风险的问题。

信息技术的应用，有效提升了企业的运营效率；通过削减成本项目，达到有效降低成本的目的；通过利益捆绑，降低企业运营风险。这些都是常见的运营模式。

5. 业务模式

业务模式，是帮助企业解决如何扩大市场的问题，给企业提供更多生存机会。

一个企业，如果只有一两个业务，或者不对业务进行更新，势必会被那些业务能力能够与时俱进的企业所取代。

> 比如，德邦，除了做物流运输之外，还兼顾快递配送业务。这样，两条腿走路，能够更好地扩大市场。

6. 盈利模式

盈利模式，是帮助企业解决借助何种手段和方式获利的问题。

盈利模式决定一个企业能否很好地生存，以及在发展的道路上能走多远。企业一定要有明确的盈利模式，以获得自身发展所需要的持续收入。盈利模式也是商业模式中的核心部分。

> 比如，一家人文旅游景点，以往是通过线上线下售卖门票的方式盈利。为了进一步增加收益，该景点便开通了电子讲解服务，游客可以以一定的租金，租用电子讲解设备。这就为该旅游

景点增加了一项盈利途径。

7. 渠道模式

渠道模式，解决的是如何让消费者与产品更亲密接触的问题。

随着互联网、移动互联网的普及，线上、线下融合，使得实体渠道、电子商务渠道、移动电子商务渠道的全渠道零售模式运用而生，与此同时也必然给企业带来了全新的获客渠道。

> 良品铺子就是采用多渠道模式，实现客户积累与沉淀的。良品铺子不仅在线下设有专营门店，还在线上多个电商平台，如淘宝、京东、唯品会等做产品销售。除此以外，第三方平台如饿了么、美团外卖、口碑外卖、百度外卖平台上设有商铺；良品铺子还专门开通了APP购物平台；微信、QQ空间、百度贴吧等社交电商上也有良品铺子的身影。

8. 管理模式

管理模式，即如何借助相应的技术，达成商业供应、服务、消费者需求的精准匹配。

从当前的整个技术进程来看，移动技术、感应器技术、大数据技术以及智能决策技术的发展突飞猛进。借助这些先进的技术，可以实现商品管理的精准化、高效化，有效解决商品进、销、存管理的问题，降低库存积压损失。

总之，将商业模式等同于盈利模式，是片面的，也是有一定局限的。企业只有真正认清商业模式，才能使自身收益实现最大化。

商业模式重构企业价值

在日益复杂多变的市场环境下，企业要想有更好的发展空间，提升自身价值，获得更多盈利，就需要借助系统的力量，而这个"系统的力量"就是商业模式。

如今，有很多企业在技术上没有做太大的创新，却通过商业模式的优化，重构自己的价值，使得自身比同行估值更高。

以海澜之家为例。海澜之家作为服装行业中的一员，其商业模式的创新经历了两个阶段。

第一阶段，海澜之家借鉴日本服装品牌的"量贩式自选购物"方式，推出自有品牌"海澜之家"，并使用全新的"加盟+全托管"商业模式进行经营。这种商业模式是典型的轻资产模式。

在这种模式下，海澜之家将发展的重点放在产品设计、品牌运营、终端运营、供应链管理等重要增值环节，将产品生产和销售做外包，与加盟店实现了双方共赢。

第二阶段，随着市场消费升级和消费细分的情况更加凸显，海澜之家在打造男装整体解决方案这一定位的基础上，还打造了二三线城市的门店加盟模式，强化了对供应链与品牌核心资源的管理。这一全新的商业模式，使得海澜之家对服装设计、生产、销售等关键业务实现了自主掌控。

通过以上"两步走"，海澜之家实现了商业模式的创新与优化，最终实现了企业价值的提升。

商业模式本身的价值之一，就是创造价值、传递价值、获取价值。可以说，商业模式就是对企业内部价值链乃至整个产业链上所有企业的价值进行重组的过程。

企业的价值是通过商业模式体现出来的。在通常情况下，商业模式的创新是在原有商业模式上，通过对某个或某些方面的变革或创新来实现。企业价值，就是企业的投资价值。企业价值由企业成长空间、成长效率、成长能力、成长速度、成长风险决定。

拿成长能力来说。企业在确定商业模式时，都要考虑自己的能力是否足以保证新的商业模式能够顺利实现。如果能力足够，则是对新商业模式推行的支持；如果能力不够，则需要进行自我能力的提升。这同时也为企业能力的提升提供了一个新的方向。当能力提升时，也能顺利推行新的商业模式，此时企业自身的价值也就得到了提升。

这就好比是一个人，当你的能力得以提升时，你能驾驭和掌控的东西也就越多，这就证明你的价值得到了有效提升。

这是一个循环往复的过程，企业商业模式的持续创新，可以持续推动企业价值的提升。

因此，企业实现自我价值的最大化，就需要立足当下，审视自我、借势反思，通过创新商业模式来实现。

商业模式越巧，潜在风险越大

任何事物都具有两面性，商业模式也不例外，一面是"天使"，给企业带来巨大红利；一面是"魔鬼"，给企业的生存和发展带来潜在的风险。

商业模式存在的风险，具体来说包括不被市场或其他利益相关者接受的风险、资金链断裂的风险、竞争对手模仿的风险等。

摩托罗拉当时为了让用户能够在全世界任何地方都可以打电话，便采用了铱星计划的商业模式。但结果却因为该商业模式对顾客需求的判断太过盲目乐观，没有考虑到顾客的购买能力。再加上产品本身也存在一定的缺陷，最终导致摩托罗拉的这个项目无法得到用户的青睐而宣告失败。

拼多多作为电商领域的后起之秀，在发展过程中，就是模仿淘宝的C2C模式，并在此基础上进行了创新，增加了拼团和砍价这两种全新的商业模式。也正是因为拼多多对淘宝商业模式的模仿，使得拼多多能够在短时间内跻身于电商领域，打破以往淘宝与京东"平分天下"的格局，演变为如今的"三足鼎立"。

事实上，那些越是巧妙的商业模式，其潜在风险则越大。这里以两个被业界认为十分巧妙的商业模式为例。

1. 免费模式

免费模式就是前期向用户抛出一颗免费糖，让用户体会这颗糖所带来了美妙感、愉悦感。当用户尝到甜头，想要继续体验这颗糖带来的美妙感和愉悦感时，就会为之主动付费。

但其中也隐藏着诸多风险。比如，用户对你白给的糖压根并不感兴趣，这样你的糖根本吸引不来客户，更不用说变现。再比如，用户免费尝了甜头，但并不一定会购买你的糖，所以你抛出去的糖根本起不到盈利的作用，你抛出去的糖越多，可能亏的也越多。

所以，免费模式虽然巧妙，但也存在着一定的失败风险。如果在具体操作过程中把握不当，前期送出去的成本，可能会收不回来。

2. 轻资产模式

轻资产模式，顾名思义就是花小钱或不化钱，就能为企业赚取盈利。常见的轻资产模式，如众包模式，将一项任务，交给多人协作完成，自己落得一身轻松。就像开发商盖房子一样，找建筑队建楼，找装修队做装修，找水电工铺好水电管道等。这种充分借助外部资源完成工作任务的模式，自然省时省事又省钱。

但这种模式也存在一定的风险。比如，即便有人愿意参与众包，但也要看机会、讲条件，而且是否能出好的成果，也是个未知数。这些充分说明，轻资产模式也具有一定的局限性和风险性。

列举免费模式和轻资产模式，并不是意味着对这两个模式的全盘否定，而是意在说明，越是讨巧的商业模式，其风险性越高。当然，企业也并不应该因噎废食，应当全方位衡量，并想方设法规避或尽可能降低商业模式中可能存在的风险，同样可以借着商业模式的力量，在行业竞争中取胜。

第二章 CHAPTER 02
探索商业模式变革的背后

没有商业模式是一成不变的，只有对商业模式不断调整和创新，企业才能获得持久的竞争力。商业模式每次无论是大变革，还是微调整，其实都是有原因的。企业只有读懂其背后的原因，才能对商业模式有更加深入、透彻的理解和认知。

消费升级带来模式突破

随着消费者信息获取渠道的增加，认知水平的不断提升，消费能力的不断增强，消费者的消费需求也随之发生一系列变化，消费升级势不可挡。

1. 消费结构升级

以往是"以产品为中心"，企业生产什么、销售什么，消费者就必须购买什么，一切话语权掌握在企业手中，消费者只能默默接受。

随着社会经济的发展，人们在物质方面得到了极大满足，所以人们的消费从基本的生存型消费，转向享受型消费。在这种情况下，人们不仅关注产品质量，还对产品的附加值提出了更高的要求，更加注重因产品消费而获得的服务质量的满足。于是，企业不得不转变观念，从以往的"以产品为中心"，转变为"以客户为中心"，将满足客户的产品价值与服务需求作为企业发展的重要方向。

基于消费结构的升级，传统商业模式开始以注重产品价值以服务为核心进行创新，如"线上购买+上门配送"模式。

2. 消费需求升级

按照心理学家马斯洛的需求层次理论，将人类需求从低到高按照金字塔排列，分别是生理需求、安全需求、社交需求、尊重需求、自我实现需求。当人们在生理需求得到满足之后，就会将自己的需求上升到对安全、社交、尊重和自我实现的需求上。

这也就很好地解释了人们消费需求在不断上升中发生的变化：

以往人们消费，只是为了满足物质生活的需求，解决吃穿住行等基本问题。随着温饱问题得到基本满足之后，人们开始追求精神和情感寄托，同时更加关注品牌背后的内涵与品味，追求个性化的自我认同感，甚至比以往任何时候都更加关注商品的安全性。除此以外，随着年轻消费群体所占比例不断增大，他们更加注重追求个性、彰显自我，更加注重高性价比。

由此，满足物质生活需求的消费，逐渐上升为体验式消费、个性化定制需求消费等。

基于消费需求的升级，商业模式开始以不同的消费需求为核心，进行创新。如，以满足消费者体验需求的"咖啡+图书"模式；以满足个性化定制需求的"根据需求自行组合产品"模式。

3. 消费渠道升级

随着互联网、移动互联网的出现，原有的线下销售渠道已经远远不能满足消费者的消费渠道需求，于是为了迎合消费者，消费渠道共经历了三个大的阶段，向更高层次升级。

第一阶段，单一渠道阶段（1978~1999年）。这个时候，计划经济向市场经济过渡，人们的生活水平和购买能力逐渐增强，主要是以百货商店作为主要购买渠道。当时的商业模式是单一的门店体验购买模式。

第二阶段，多渠道阶段（2000~2015年）。这个阶段，互联网的崛起，除了传统实体店之外，网店也开始出现，但主要是以百货商店、连锁超市、便利店、购物中心、淘宝等电商平台为消费渠道。此时的商业模式也呈现出多样化特点，如单一的门店体验购买模式、B2B模式、B2C模式、C2C模式O2O模式等。

第三阶段，全渠道阶段（2016年至今）。这个时期，随着互联网、移动互联网的普及，大数据、云计算等的广泛应用，再加上各个社交平台的崛起，以及智能移动设备大放光彩，实现了线上线下全渠道融合。这个时候，商业模式再次升级，社交电商模式、直播带货模式等出现。

可以预见，消费升级是一种趋势，而且这种趋势会越来越明显。消费升级与商业模式的关系，其实是一种交互促进的关系。一方面，消费升级，促进了商业模式的自我迭代与优化升级；另一方面，商业模式又进一步推动消费升级向着更高阶段迈进。因此，消费升级带来商业模式的突破，具有必然性。

资本增值驱动模式迭代

企业发展的目的，就是为了赚取丰厚的盈利。好生意其实就是好的商业模式，好的商业模式，最基本的特点就是具备价值创造的能力。换句话说，好的商业模式能够使得投入资本回报率高于资本成本。

举个简单的例子。比如一家企业，在正式启动前，需要投入资本，用于租赁办公场所、设备等固定资产；在正式运作后，需要投入资本，用于劳动力以及各项水电费、耗材费用等，最终以销售产品或服务收回之前投入的资本，完成价值创造，实现资本增值。

在这个价值创造的过程中，"增值"就是企业投资所获的收益。因此，好的商业模式一出来，就会吸引众多资本。这就是资本增值的力量。资本增值又会驱动商业模式不断迭代。

现在，市场中又产生了一种新的商业模式，就是"到家消费"模式。火锅食材超市，可以满足消费者足不出户就能吃火锅的需求，所以受到大众的青睐。在这一商业模式下，比较具有代表性的应当是锅圈食汇。

锅圈食汇从成立至今，已经开了超过5000家门店，吸引了数十亿融资，字节跳动就是其投资方中的一员。近几年，锅圈食汇的发展势头很猛，在资本的加持下更是迅速扩张。也正是因为看到了其中所蕴含的丰厚盈利，所以有诸多类似锅圈食汇的火锅食材超市出现，如川小兵、九品锅、懒熊火锅等。

这一商业模式入局火锅领域，对传统火锅行业产生了一定的影响。海底捞作为火锅界资深企业，一方面看到了这一模式背后的资本增值潜力，另一方面因为其市场份额被这些后来者抢占，便开始做出强有力的"回击"。海底捞也开了一家类似于火锅食材超市的"海底捞外送食材自提站"。消费者可以在海底捞外送、美团、饿了么等平台下单，然后可以选择到自提站自取，也可以选择外送服务。

可见，在市场竞争下，有了资本增值的加持，全新的商业模式就会快速出现。对自身利好的事情，人人都愿意去尝试和创新。肉眼可见的资本增值，是商业模式实现变革和创新的最好驱动力。

技术变革带来模式变革

人类社会的发展,一直都离不开技术的推动。技术是产业发展的根本动力。

当前,互联网、大数据、3D、人工智能、人脸识别、AR技术、VR技术的迅速崛起与广泛应用,正在为各领域企业塑造新的发展格局。科学是技术之源,技术是产业之源。无数实例证明,在技术创新的推动下,可以为产业带来产品模式创新、用户模式创新、推广模式创新、运营模式创新、业务模式创新、盈利模式创新。

1. 产品模式创新

在过去,手表、首饰、衣服等只具备了穿戴和修饰价值。但智能可穿戴技术的出现,重构了产品模式。如智能可穿戴手表、手环、衣服、首饰、头盔、腰带、音响等,这些智能可穿戴产品,通过3D加速器、红外光脉冲测量、陀螺仪和提问传感器等，可以追踪佩戴者每天的整体运动量、步数、卡路里消耗量、心跳次数、久坐时间，以及通过整合人体生理信息来平衡佩戴者的训练和恢复，有助于预防心脏病和中风，改善心血管健康等。全新产品模式下进行的产品创新，不仅满足了其原有的功能，还增加了全新的功效，满足了使用者所期待的健康应用的所有其他功能，让佩戴者更接近最健康的状态。

2. 用户模式创新

互联网、移动互联网已经深深地渗透进了人们的日常生活，使得人们时间碎片化的特点越来越凸显。"碎片化"时间，使得人们想要静下心来专心做完某一件事情已经越来越难。基于此，像抖音、快手这样的短视频平台作为新兴业态的出现，在用户全新的需求上做模式创新，解决了人们用碎片化时间打发闲暇时间的需求问题。短视频相比以往的腾讯、爱奇艺等长视频内容，虽然很简短，却用十分生动的情景画面，将完整的故事情节呈现出来。这样的视频内容，更受用户青睐。

3. 推广模式创新

传统的推广模式，往往是以普通平面的图片或动画的形式向受众投放，不论哪种形式，从视觉上看，画面总是被框在一个框子里，不够生动、没有灵气。但3D技术应用于广告推广当中，使得影像合成技术与光栅材料完美结合，平面的图片和动画转换为立体影像。这种基于全新技术的推广模式，给受众带来强烈的视觉冲击，能更好地吸引受众的关注。

4. 运营模式创新

在人们的印象中，在餐馆就餐时，会有人工服务员为我们提供上菜服务。但人工智能技术的应用，使得餐馆的这一业务模式已经有了巨大的突破。如今，不少餐馆开发了智能餐饮服务系统。顾客一进门，迎宾机器人就为顾客自主导航引路，将客人引到相应的餐桌。在顾客通过点餐APP完成点餐和支付后，后厨的机器人按照顾客点的菜单进行配菜、炒菜。最后，由机器人为顾客提供端菜服务。全新的运营模式，对于餐饮店来讲，减少了用餐高峰服务员人手不够的问题，更是花一次钱终生受益。对于顾客来说，节省了排队点餐、用餐的时间，更为自己带来了耳目一新的用餐体验。

5. 业务模式创新

e洗袋是借助云技术打造的以洗衣服务为切入点的服务平台。除了致力于衣服的取、洗、送服务之外，e洗袋还通过云技术进一步做了业务模式的创新，推出了新品小e管家，囊括了小e管饭、小e管接送小孩、小e管养老服务等。e洗袋在云技术的助力下，从洗衣服务延伸到社区生活共享服务平台，帮助社区邻里解决了很多实实在在的问题。

6. 盈利模式创新

在现实生活中，有的人生活、工作压力巨大，或者情感受挫，却不愿意与自己相熟的人聊天说出自己的心声、发泄自己的不满情绪。甚至有的人存在一定的社交障碍，需要尝试与不同的人聊天，来提升自己的社交能力。于是，网络陪聊业务由此而兴起。随着人工智能技术的应用，百度推出了一款为对话式人工智能机器人秘书。这款机器人通过语音识别、自然语言处理和机器学习，可以与用户进行一对一的对话与沟通。除此以外，它还可以清晰理解用户的多种需求，为用户提供各种服务，如一键叫车、为用户定他最喜欢吃的外卖、买一张用户喜欢的位置的电影票、预订用户经常去的餐厅等。得益于人工智能技术，同样是通过陪聊的方式获得盈利，但百度却实现了陪聊行业盈利模式的创新。

以上案例充分说明，技术变革是商业模式变革的催化剂。技术可以有效激励其他可以引发商业模式创新的因素，加速商业模式创新速度。

市场竞争推动模式进化

随着经济的不断发展，商业环境复杂多变，市场竞争愈加激烈。企业必须快速应对市场竞争，并迅速做出响应，才不会被市场所淘汰。

创新是企业长期培育出来的一种能力和有效竞争工具。有效合理的创新，能够帮助企业在激烈的市场竞争中快速取胜，并成为行业领袖。

商业模式可以帮助企业界定业务内容和定位、合作伙伴的选择、风险分配等，并以最低的资本投入，最大限度地创造价值、获取收益，进而有效提升企业的市场竞争力。竞争对手的商业模式变革，很可能会导致整个行业竞争格局的彻底改变。

因此，企业必须寻求更新的商业模式，为自己创造更大的价值、带来更多的收益，才能更好地增强自己的市场竞争优势，以便更好地存活和发展下去。可以说，商业模式和市场竞争，两者之间相互促进，也充分说明，市场竞争是推动商业模式进化的重要原因之一。

美团和饿了么可以说是外卖领域的两大强劲竞争对手。为了增强自身竞争优势，美团则对自己的商业模式进行创新，在线上开通了美团买菜业务，并开设线下便民服务站点。主要为用户提供便民买菜业务，使用户足不出户，就能以实惠的价格，买到新鲜的蔬菜和水果。这为那些上班族，提供了极大的便利。用户登录美团买菜APP，就可以坐等新鲜食材送货上门。

美团的这项优于饿了么的商业模式，深得人心，单从这一点来看，美团更胜一筹。

商业模式创新，是一个企业实现利益稳步增长的必然条件，也是企业自我更新和自我超越，使自己保持市场竞争优势的重要工具。不断优化自己的商业模式，可以使企业在市场竞争中有效提升获胜的概率。

第三章 CHAPTER 03
厘清商业模式的构建思维

厘清商业模式的构建思维，就可以真正揭开商业模式的"面纱"，掌握打开商业模式大门的钥匙。

入口思维：解决流量来源问题

企业做生意，就是为了赢得更多的流量，实现更多的流量变现。在当下这个流量价格节节攀升、获客成本越来越高的时代，如果还不懂得如何引流和转化，那么将要吃大亏。

对于企业而言，并不是用产品来增加收入，而是借助产品聚集人气，构建入口，掌握了流量入口，也就意味着赢得了流量变现的机会。

因此，商业模式要解决的首要问题，就是流量来源的问题。这就是商业模式的入口思维。

什么是"入口思维"？入口思维，就是用一款爆款产品或服务引流，通过超高性价比、免费方式来吸引流量。这一思维运用的前提是，你的后端必须有能够盈利的产品。

如果你的企业是依靠卖产品或做服务盈利的，那么你的产品或服务就是流量"入口"。你在构建商业模式时，就应当充分考虑"入口"引流的问题，包括以下几方面：

1. 产品或服务是否做到了人无我有，人有我优？

一款产品或服务，能成为爆款的先决条件就是，是否做到人无我有，人有我优。如果你的产品或服务能够先人一步推向市场，做到行业最优、功能最全、技术含量最高、外观设计最具审美价值等，那么你的产品或服务就是别人无法替代的，是行业中的超级爆款，是最具引流能力的超级入口。这就是我们常说的商业模式的差异化。

2. 产品或服务是否抓住了用户的痛点？

抓住了用户痛点，也就抓住了入口的关键。当下，有不少企业在进行产品设计时，十分注重用户需求，由此也形成了用户参与产品设计、从用户产品使用评价中挖掘用户痛点、在社群中发起讨论洞察用户痛点等多种模式，力求更好地抓住用户痛点，解决流量入口的问题。

3. 产品或服务是否具有极致性价比的特点？

产品和服务的极致性价比，其核心是价格，本质是产品或服务的价值。极致性价比，是一个企业成功占领市场的不二法则。试想，类似的产品或服务、同样的配置，价格却相差好几倍，任何消费者都会毫无悬念地选择性价比更高的那一个。显然，消费者判断你的产品是否有价值，是否值得他们掏腰包购买，取决于你的产品是否具有极致性价比。在极致性价比模式下，当打穿行业价格，无人敢跟进时，你的产品或服务也就具备了超强引流聚粉的能力。

小米构建的产品模式，就是通过低价高配的方式，体现其产品的极致性价比。

小米当年研发出了一款note顶配版手机。这款手机最初的定价是3299元，但其配置瞄准了市场中售价在5000元左右的高端手机。但在产品真正上市时，却将价格定在了2999元。

小米极具性价比的产品，与市场中同等配置的手机相比，更具聚集人气的能力。

4. 产品或服务是否与人产生了一定的关系？

如果你的产品或服务，既没有令人叫绝的特色，也不具备极致性价比的特点，那么就可以想办法让其与人之间产生一定的关系，以此达到引流的目的。

如今有很多做教育平台的企业，它们通过卖课模式赚取盈利，那么如何让用户与平台课程挂钩呢？很多类似平台通过为受众分享一些对于他们很有价值、能让他们受益的优质内容，为他们推荐一些极具实战、实用、实效的好书。这样，他们省去了去图书馆、图书销售平台上在海量图书中选好书的时间，更在最短的时间里学习到了最具价值、最具精华的图书内容。这样的产品和服务，同样受到用户的喜爱。

所以，学习和创新商业模式，首先要具备入口思维。没有很好地解决流量来源的问题，这样的商业模式不具备合格商业模式的特质。

跨行思维：从老业务到跨行寻求利润

企业的商业活动，需要在一定商业模式的引导下进行。但要寻求更多的流量和利润点，企业就需要有跨行思维，让自己从老业务向其他领域延伸。

在过去，很多企业追求发展和盈利，往往表现得过于保守，利润来源于主营业务。比如做服装生意，就靠服装赚钱；做彩妆生意，就靠彩妆赚钱。思维决定格局。如果你能拆除思想的藩篱，打破思想的界限，将跨行思维融入你的商业模式当中，那么企业发展的路必将越走越宽。

什么是"跨行思维"？跨行思维，就是要打破传统思维的条条框框，用跨行的眼光去发现新的机会点，整合跨行资源，在更加广阔的领域找到新的机遇。

1. 为企业增加更多的流量

企业做生意，其实做的是流量生意。没有流量，就没有销量。跨行商业模式的一个重要特质，就是为企业增加更多流量。

京东是以线下起家的，之后转战电商平台，成立了京东商城，开启了自营零售商业模式。经过多年迭代之后，京东原有商业模式开始转为"自营为主+平台为辅"的商业模式，这就是京东的平台思维商业模式。此时平台的业务规模逐渐扩大，也因此聚集了大规模流量。

随着市场的不断变化，京东的商业模式也在不断更迭。此后，京东开始介入金融领域，借着跨行商业模式，做起了跨行生意。京东通过"自营+平台"聚集了大量用户，开始从消费市场迈向金融市场，推出了京白条、基金、银行理财、小金库、金条、联名小白卡等近万个金融产品，涵盖了理财、借贷、保险、分期四大业务板块。与此同时，京东用户也可以借助京白条、分期付款等方式在京东商城购物。这样，京东金融又反过来为京东商城引流，使得京东的流量规模更加庞大。

2. 为企业增加更多的盈利点

跨行商业模式的另一个重要特质，就是为企业增加更多盈利点。盈利是企业持续发展和壮大的有力支撑。

在一般人眼中，麦当劳就是一个实打实的餐饮企业。但麦当劳创始人雷·克罗克说："其实我不做汉堡包业务，我的真正生意是房地产。"相信很多人会感到惊讶不已。事实上，麦当劳10%

的利润来源于餐饮，40%来自品牌加盟，50%来源于地产出租。麦当劳也是世界上最大的房地产商之一，并占有各城市几乎所有的黄金地段。但除了餐饮和房地产，麦当劳还涉足金融领域。这就是麦当劳的跨行商业模式。

总之，通过跨行商业模式，对企业的生存与持续增长有着重要的意义，也是企业市场竞争中制胜的关键。超越竞争，远离竞争，这是每个企业梦寐以求的事情，通过跨界商业模式，可以帮助企业在一定条件下达到这样一种境界。

平台思维：实现资源整合与流通

互联网的兴起，使得商业模式的概念逐渐升温，并上升到了一个全新的阶段。平台思维商业模式也由此诞生。

在互联网经济大潮下，淘宝、京东、拼多多、美团、携程、今日头条等众多企业，搭乘互联网风潮快速崛起，并快速成为行业中的商业领袖，创造了惊人的商业奇迹。这些企业有一个共同的特点，就是借助平台思维构建全新商业模式。

平台思维就是将各项资源聚集到一起，组成一个足够大的平台，使得资源与需求、服务相对接。比如，淘宝对接的是购买需求和商品服务；美团对接的是饮食需求和O2O服务。

在互联网时代，平台商业模式如B2B、B2C、C2C、O2O等有一个共有的特性，那就是将不可能链接的双方彼此链接在一起，然后通过平台的力量促进商品或服务的整合与流通。这也是平台商业模式构建的目的。

构建平台商业模式，实现资源整合与流通，需要考虑以下几个要素。

1. 开放性

平台商业模式本身就具有开放性，这也是构建平台商业模式的首要条件。只有具备开放性，才能使得平台商业模式具有巨大的资源承载能力。从用户特征、需求，到供应商产品特点、功能，再到产业链上各环节，都体现出开放性的特点。这样企业可以快速聚集资源，保证用户需求日益多元化的特点得以实现。

2. 平台化

平台是实现资源整合、需求实现的载体，因此过去没有平台的时候，企业以及产业链上的各个环节上的用户需求难以实现很好的交互。所以，在构建平台商业模式时，一定不能忽视平台化。

3. 网络化

网络的出现，使得人与人、人与企业之间的距离越来越近，从而实现了人与信息的交互实现了零距离。互联网、移动互联网的出现，使得平台商业模式都将在网络上进行和完成。网络的出现为平台商业模式的构筑和运转提供了更加广阔的空间和优越性。

4. 全方位透明化

进入互联网时代，任何信息都将趋向透明化，各种信息都拿出来与他人共同分享。平台商业模式更是如此。平台上的各个成员清晰地展示彼此的信息，从而使得平台上的各种信息都具有透明化。这也就是为什么用户在平台上购买某件商品时，可以通过商品信息做对比，货比三家后再决定购买哪个商家的产品。

5. 交互

平台上各个成员之间如果没有交互，那么这个商业模式也难以在各成员之间激起任何涟漪，难以实现各成员利益的最大化。

6. 扁平化

在平台上，每一个成员都是没有边界的，没有上下等级之分，因此大家在组织管理上都是扁平化的。扁平化也是构建平台商业模式的一个重要因素。

> 以京东为例。在京东平台上的所有商户，大家聚集在京东平台上，每个商户在京东商城都是平等的，各自经营着自己的店铺，做着各自的生意，不存在上下级之分。

平台商业模式，是当前最重要的一种经营形态，被认为是互联网经济下最经典、最有力的商业模式。把平台思维运用到商业模式中去，可以最大限度地解决资源不对等的问题。从而帮助平台各成员带来经济效益和价值的最大化。

生态思维：构建利益生态体系

市场竞争的加剧，使得越来越多的企业认识到，"赚小钱靠个人，赚大钱靠团队"的重要性。资源共享、合作双赢，成为全新的企业经营范式。

无论是意识到与否，整合还是被整合、融合还是被融合，企业的发展，再也不是独善其身的事。在新的商业时代，企业要找到适合自己的生态型生存和发展商业模式，找准自己的角色定位和价值定位，并与生态系统中的各成员协同发展，互利共赢。因此，生态思维，在商业模式构建过程中不容忽视。

生态思维，就是不同的业态或企业聚集在一起，共同形成一个一同生存和发展的圈子，在这个圈子里，大家"有福同享有难同当"，实现生态圈内各成员的可持续发展，创造共赢的局面。这也是构建生态商业模式的目的。

在生态商业模式下，所有生态圈内成员都被捆绑在一起，牵一发而动全身，一荣俱荣，一损俱损。只有实现生态圈成员共赢，才能保证生态商业模式得以顺畅实行。

小米科技是一家为用户生活提供全方位服务的生态型公司，其在发展过程中，将商业模式的生态思维发挥到了极致。

小米科技的商业边界，从最初的互联网手机，不断扩大，如今其商业生态圈中，共包含四大板块：硬件领域有手机、电脑、电视、AI音箱、路由器等；软件领域有MIUI、语音助理、小米运动、小米视频等；服务领域有文学、金融、影视、云服务等；零售领域有有品商城、小米之家、小米商城等。

小米科技的"铁四角"，共同构成了生态商业模式，帮助其吸引了更多的流量，此外生态的协同效应很好地增强了小米科技的用户黏性，让流量在生态内更好地流动，为小米科技带来更多的收益。

生态商业模式有以下几个优势：

1. 业态多元化

生态思维商业模式下，企业生态链、生态圈内的成员呈现出多样化特点，有效降低了单一产品带来的风险，优化了投入产出比，扩大了客户群，最终实现了收益结构的多样化。

2. 连接流通

从组织生态学视角来看，生态圈中不同的物种融合在一起，形成了一个庞大的生态系统。

首先，实现了供给与供给、需求与需求、供给与需求的联通，为资源共享、优势互补、价值共享创造了通路。

其次，资源、品牌、用户，在生态思维下，通过资金实现了价值交换，资源流通。

最后，连接流通所带来的益处，又吸引更多的新版块、新玩家加入进来，使得强者变得更强。

3. 价值共创

生态思维商业模式，打破了组织边界和行业边界，让更多的业态或企业参与进来，企业通过内外部资源的协同合作，指数级提升价值创造成果。

4. 价值共享

生态圈中的每个成员，既是价值创造者，也是价值享有者，每一个价值创造者在付出之后，能够收获满足自我诉求的利益。价值能够共享，才是生态有序运转的根本动力。

有了生态思维商业模式，企业可以获得绝对的发展优势，把握自己所在系统里中的地位和角色。与此同时，可以实现生态圈内各方的共享与共赢。

资源思维：资源得到合理配置

商业模式本质上是对资源进行整合，使得资源得到合理配置。所以，在构建商业模式时，一定要注重资源思维的应用。

资源思维下构建的商业模式，重点是将产业链中上下游的资源进行重新梳理，让这些资源得以重构，从而提升企业市场竞争力，保证企业最大限度地获取利润。

1. 资源型商业模式优势

（1）客户价值最大化

企业80%的价值，是由20%的客户创造的。有效的商业模式，可以使得那些优势资源全部集中在那些能够为企业产生80%价值的客户身上，实现客户价值最大化。

（2）可操作性

借助商业模式对企业内外部不同来源、不同层次、不同结构、不同内容的资源进行整合，可以使得整合后的资源更具条理性和系统性、可操作性，这样企业在日后经营管理的时候，就能够更加有序、高效。

（3）轻资产

资源型商业模式，就是将企业内外部资源聚合起来，利用杠杆原理，使得资源可以循环利用，并让更少的资源实现指数级增长。这就是典型的轻资产模式。

（4）高收益

价值最大化，必然带来收益的最大化。因此，资源型商业模式必定能为企业带来高收益。

（5）自己复制易，别人模仿难

优秀的商业模式总会被他人模仿和复制。这样不利于企业保持市场竞争优势。不同的企业会根据自身情况进行特有的资源整合，这样构建的商业模式，企业自我复制很容易，外人基本难以复制，对手越模仿越容易失败。

> 早年，苹果公司效仿微软，对外授权使用Mac OS（苹果的操作系统），形成"合纵连横"，以此对抗日益强大的竞争对手——"Wintel联盟（微软与英特尔的合作联盟）"。但令人失望的是，Mac OS的用户相对固定，借助Mac OS打造全新设备的企业，并没有帮助苹果公司扩大市场，而是因为其价格比苹果手机相对便宜将近10%，因此反过来蚕食了苹果公司的市场份额。最终，苹果公司为了止损，不得不以一亿美元为代价，收购了这家合作企业，从而结束了对微软与英特尔合作联盟商业模式的模仿。

（6）未来空间巨大

未来的竞争，已经不再是产品的竞争，不再是渠道的竞争，而是资源整合的竞争。资源思维在商业模式构建中的作用和价值要远超人们的想象，给企业带来更大的利润空间和发展空间。

2. 资源型商业模式构成要素

每个商业模式都需要核心资源，这些资源使得企业能够创造价值、与客户建立关系，并为自身赚取更多的收入。基于资源思维构建的商业模式，其构成的必备要素包含以下几点。

（1）物质资源

物质资源，包含的内容有很多，如企业所需的机器设备、办公设备、土地、办公场所等，这些看得见、摸得着的东西，都属于物质资源。有效整合物质资源，可以让物质资源利用率达到最大化，减少资源闲置的可能。

（2）人力资源

人力资源，指的是优秀人才、优秀团队资源。对人力资源进行整合，可以有效引导组织内部各成员的目标与组织目标相一致，实现人力资源的最优配置，提高工作效率。

（3）金融资源

金融资源，包括现金、银行授信、股票等。有些商业模式甚至还需要做财务担保等。做好金融资源整合，可以把有限的资金投入变为更大的收益；实现利益规划与分配，在线上线下建立长期合规的业务体系，实现风险转嫁。

（4）数据资源

每个企业都是一个数据生产者，如果不加以整合，企业数据只属于企业本身，就会形成数据孤岛。但如果有意识地将数据向上下游延伸，实现企业内外部数据的联动整合，就可以形成一个数据共享体系，以满足产业链上各企业发展和创新所需。

以前房地产销售行业都是通过大量的销售人员不断地在外边发宣传册或者以"打扰"的方式四处寻找潜在客户，这样既耗人力又耗时间，还不知道客户到底需要的是什么。如今，万科用自己独具智慧的双眼看准了大数据的巨大价值，于是与百度寻求"联姻"，进行数据资源整合。这一数据资源整合商业模式，并不是一个简单的形式上的结合，而是通过百度的大数据和云计算的支持，万科可以得到定位引擎、大数据、营销工具等智能化解决方案。万科还利用移动互联网的大数据和人工智能算法等技术，在其"城市配套服务商"平台上建立了包含有运营商、商户、消费者在内的生态链，这使得顾客体验、商户价值创造、精细商户运营等方面有了很大的提升和有力的支持。

（5）知识性资源

知识性资源，包括品牌专利、商标、版权等一些不可触摸的东西。这些资源也是商业模式构成中必不可少的部分。这类资源通过整合，一旦形成商业模式后，会为企业带来巨大的价值。

如果借助商业模式能够把企业内外部资源有效利用起来，就能迅速成为资源的驾驭者。资源驾驭能力，在很大程度上决定了企业的成长速度。

增值思维：实现企业价值增值

企业运作的最终目的，就是为了实现自身价值的增值。商业模式可以为企业创造价值，带来收益，而收益的一部分来源，就是增值。

在构建商业模式时，融入增值思维，需要从以下几方面入手。

1. 品牌增值

品牌的价值需求升华，深耕商业模式创新，可以实现品牌效应的累积和提升。一个好的商业模式，必须为一个品牌带来生命力，通过不同层面传达品牌的核心价值，促进品牌价值的传递效率，实现品牌突破，为品牌带来价值增值。

亚马逊在一次全球最具价值零售品牌报告中摘得桂冠，成为全球最具价值的品牌，其当年的品牌价值较上一年提升了59%。这意味着亚马逊品牌的号召力得到了大幅提升，将会赢得更多的消费者。

亚马逊这次品牌增值，主要得益于商业模式的创新。亚马逊的商业模式，在以往的基础上，增加了机器人仓储管理模式，而且还打造了"空中仓储中心"，实现了无人驾驶飞机配送货物模式。

亚马逊借助增值思维，对商业模式的重构，不但坐拥最广的卖家和消费者资源，还成就了当时全球品牌市值居首位的佳绩。

2. 资本增值

资本增值，是构建商业模式时一个重要的入手点。资本增值，就是现有资产价值减去购入时的价格，企业所赚取的价值。简单来说，就是企业在经过经营和运作之后，其产生的利润减去成本后的盈利就是资本增值。

以资本增值为目的，构建商业模式，其实就是利用现有资本，实现以小变大、以无生有的手段。

传统的企业盈利模式有两种，一种是通过直接在广告内跳转变现，另一种是直接页面购买。但日本有一款蘑菇饼干则一改传统盈利模式，实现了资本增值。

日本的App Store是一款基于AR（虚拟现实技术）的小游戏。游戏的大概流程是：玩家在一分钟内，按照游戏规则完成一定的任务，就能够得到相应的奖励。当奖励数量累积到一定程度时，就可以换取实物奖励。日本一个饼干品牌则借助这个小游戏，为品牌产品做推广，进而通过赚取更多的盈利，以达到资本增值的目的。

3. 股权增值

股权增值，即股票的价值或价格上升，股权投资人的投资增值。凡是那些做大做强的企业，都是通过一轮又一轮的释放股权实现股权增值的。股权增值后，企业可以留住内部人才，吸引更多优秀人才加入；可以获得更大的发展空间和机会；可以有效提升企业价值，实现业绩倍增等。所以，构建商业模式，股权增值也是必须考虑的一个要素。

近几年，美团的股价可谓节节高升。2018年，美团市值约509亿美元；2019年，美团市值约754亿美元；2020年，这一数值突破了1000亿美元；2021年上半年，美团市值大约为2343亿美元。美团股价大涨的背后，其实就是良好商业模式的搭建。

美团与饿了么作为外卖领域的两大支柱，瓜分了中国外卖市场超过95%的份额。但美团外卖凭借独有的商业模式，其市场份额已经远超饿了么，同时也实现了股权增值。

这几年，美团一直没有停止O2O商业模式的创新与构筑。美团除了做外卖，还尝试进入同城配送市场、做起了到店生意、开辟了酒店业务等。美团的营收额不断上涨，股价也呈不断上涨的趋势。股价上涨的底层逻辑就是股权增值，股权增值推动股价上涨。显然，股权增值是美团进行商业模式创新的根本。

正确的商业模式可以让一个企业走得更加稳健，甚至逆袭成一家独角兽企业。但增值，才是一切得以实现的根本。因此，在构筑商业模式时，一定不能忽视增值思维。

逆向思维：不可思议才更显格局

一个企业要想发展到更高的阶段，一定要有一个能做大做强的商业模式。但思维决定格局。逆向思维可以重塑商业模式。

思维分为正向思维和逆向思维两种。人们惯用的思维就是正向思维。逆向思维就是与寻常路逆着来的思维。但逆向思维并不是意味着跟别人唱反调，而是通过独立思考后，敢于尝试别人没尝试过的事情。简单来说，就是从事情的相反面深入地思考和探索。

有一位顾客问小商贩："你家的橘子是酸的还是甜的？"普通的商贩一定会直接回答"酸的"或者"甜的"。但很多时候却因为答案恰好与顾客想要的相反，所以顾客听后就直接走了。但如果商贩反过来问顾客："请问您想要酸的还是甜的？"在获得顾客回答之后，如果你的橘子与顾客口味需求相反，就可以为他们推荐其他与其口味相符的产品。这样顾客觉得你很诚实，不欺客，日后有需要必定会复购。这就是逆向思维。

逆向思维有以下几种类型，在运用逆向思维构建商业模式时，不同思维方法构建的商业模式也存在差异性。

1. 转换型逆向思维

转换型逆向思维构建的商业模式，就是不人云亦云，而是换另一种方法来解决。

  对于绝大多数企业来讲，卖产品赚钱，是一个公司的主业。但华为却不走寻常路。华为作为全球第二大手机公司，出货量已经超越了苹果。但华为的手机业务并不是华为的主营业务，华为将与手机有关的运营商业务当作其主营业务。
  虽然华为的手机业务比重越来越高，但永远不如其运营商业务。运营商业务是华为的"主航道"，这一点在华为永远不会改变。

2. 反转型逆向思维

反转型逆向思维，就是从事物发展的反方向进行思考。这一思维方法，往往从事物的因果关系、事物发展的正常顺序做反向思维。

比如，通常的商业模式是商家通过推销电话、上门推销、发传单等方式吸引客户，而运用反转型逆向思维构建的商业模式，是通过一定的利益、好处等客户急切渴望的、想要的"鱼饵"，引导客户主动找上门，钓到"大鱼"。这类商业模式，要思考的是：目标用户是谁？目标用户的痛点是什么？

再比如，以往是商家卖什么款式和码数的衣服，消费者就购买什么款式和码数的衣服。反转型逆向思维构建的商业模式，则是消费者需要什么款式、什么码数的衣服，商家或厂家就会为他们量身定做。

3. 缺点逆向思维

在人们眼中，缺点是做没有价值、最不可取的东西。但运用缺点逆向思维构建的商业模式，却化不利为有利，成为一种重要的商业模式。

抓住人性的弱点，有针对性地打造商业模式，其实就是一种典型的缺点逆向思维商业模式。

运用逆向思维构建的商业模式，更具创新性。这样的商业模式，往往以不一样的视角去发现不一样的问题解决方法，同样具有可实践性。

PART 02

第二部分

践 行

掌握优秀商业模式落地方法

>> 从0到1学商业模式

第四章
CHAPTER 04

免费、低价模式：
放长线，钓大鱼

免费、低价的商业模式是近几年十分常见的商业模式，这类商业模式就好比是用"免费"和"低价"作为一根长线，引诱用户这样的大鱼上钩，然后再利用后续的服务和销售获得利润。免费、低价的商业模式已经被越来越多的企业所使用，有效地推动企业快速实现盈利的目的。

屈臣氏：免费体验引流，购买付费增效

目前，屈臣氏作为百年正品口碑店，在商业模式上也做了诸多创新。但最典型的还是其免费模式的应用，即通过免费体验引流，实现购买付费增效。

1. 玩法

那么屈臣氏的免费模式究竟是如何进行实操的呢？

（1）产品免费试用

一件美妆产品，仅凭功效介绍，是难以让消费者更加深入了解产品的。去过屈臣氏门店的人都知道，屈臣氏门店的产品，都提供试用装。消费者可以当场试用，进行亲测，更好地感受产品，然后再决定是否购买。

屈臣氏除了线下门店提供产品免费试用服务之外，在线上官方商城，在"0元试用"专区，也可以提交申请，获得产品免费试用的资格，并为成功申请者免费邮寄到家。如果用户试用后，感觉产品正是自己想要的，就可以在官网直接购买产品。

（2）预约免费化妆

屈臣氏的化妆服务已经覆盖超过1500家门店，预约操作简单、方便。

屈臣氏在微信小程序上的会员中心开辟了"门店预约彩妆服务"，而且还可以对妆容进行选择，如"公主主题妆容"等六大主题妆容，还可以根据自己的喜好选择不同的色系，如暖粉色系、大地色系等，可以满足不同试装者的妆容需求。然后可以到预约的屈臣氏门店进行免费的化妆服务体验。化妆师会根据体验者当天的皮肤状态、服装搭配等，给其画出更加凸显柔美和气质的妆容。而且还会给体验者免费修眉，十分贴心。

屈臣氏的这一免费化妆服务，对于那些"手残党"以及初学化妆的人来讲，简直就是现场版教学的福音。在看了、学了化妆师的化妆手法之后，也会迫不及待地购买相关彩妆产品，尝试现学现用。

（3）预约免费皮肤测试

目前，屈臣氏自有品牌产品的销售网点超过3500多个，并拥有超过2700名自有品牌顾问向顾客提供专业健康、保健、美妆咨询。

屈臣氏在微信小程序上的会员中心开辟了"门店预约免费皮肤服务"，还专门推出了专属美丽顾问。用户微信搜索"屈臣氏服务助手"并关注后，点击"服务优惠"，扫码就可以添加自己的专属美丽顾问，享受专属的免费咨询服务。

据统计，顾客在深入了解自己的皮肤状况之后，有近六成的体验者会持续关注并购买相关功效的产品。而且有很大一部分体验者后期会通过免费皮肤测试，持续关注自己的皮肤变化，让自己的肤质得到改善，变得越来越好。

（4）AR试装

随着全新科学技术的在各领域的不断普及，屈臣氏的免费商业模式也在与时俱进、迭代更新。屈臣氏还推出了AR试装服务。顾客不仅可以免费试用眼影、腮红等面部彩妆，还可以在佩戴口罩时体验唇彩、底妆和染发效果。这些花样百出的免费试用模式，便于顾客挑选更加适合自己的彩妆产品。

2. 点评

屈臣氏满足了消费者的个性化变美诉求，给消费者带来了更加优质的服务和购物体验，可以说将免费商业模式运用到了炉火纯青的境界。

其成功之处在于：

（1）新奇特体验吸睛

传统彩妆、护肤零售店就是一种"我卖你买"的模式，无论线下还是线上，都将产品束之高阁，消费者很难近距离体验和感受产品的特点。免费试用，而且还嵌入时下最新潮的AR技术，打造出新鲜、出奇、有特色的独家服务体验，是屈臣氏有别于其他同类竞争对手的制胜法宝。

（2）人性化服务体验

用户不仅能免费申请产品试用装，还能包邮到家，十分人性化。另外，帮助用户免费化妆，教他们一些化妆技巧，本身就对那些化妆初学者和"手残党"来说是一件非常友好和人性化的事情。再加上特殊时期特殊对待，用户无须脱口罩，也能免费进行面部彩妆体验，更体现出了人性化特点。

（3）试妆即推销

用户进行免费试妆的过程，本质上就是一种变相推销产品的过程。只有让用户真真切切地感受产品的好，才能促使他们主动掏腰包。

屈臣氏的这种"免费体验引流，购买付费增效"的商业模式，将产品功能和用户感受叠加在一起，能吸引更多客户，实现高效变现，并有效锁住客户，提升复购率。

商超：免费抽奖引流变现

无论线上还是线下，很多商超会推出"免费抽奖"的活动。其实这也是免费商业模式中的一种类型，借助这类活动，可以为商超带来流量和销量。

1. 玩法

商超的免费抽奖商业模式，其玩法一般是购物满一定金额才获得免费抽奖资格，奖项通常有以下两种。

（1）免单

免单的形式有两种：一种是产品免单，另一种是服务免单。

顾客免费抽奖，可以获得产品免单或服务免单的机会。这样的玩法十分具有诱惑力。但成功实现的前提是，让顾客付出金钱成本、时间成本或行为成本。事实上，顾客在为了获得免费抽奖而选购商品时，就已经付出了时间成本和行为成本。

（2）赠品

赠品的形式有以下几种：赠送礼品、赠送现金券、赠送返现券。

①赠送礼品

赠送礼品，一定要给人一种看上去很贵，但实际成本不太高的商品。这样既能吸引顾客参与的积极性，又不至过多提高商家的经营成本。

②赠送现金券

赠送现金券，可以吸引消费者到店复购。但现金券在设计上要科学、合理，更要能刺激顾客到店复购的次数。

比如，可以设计为，第一次复购优惠10元，第二次复购优惠15元，第三次复购优惠20元，第四次复购优惠25元，以此类推。这样，消费者复购次数越多，优惠力度越大，消费者就会越上瘾，就能很好地吸引消费者。

③赠送返现券。

返现券的设计，也应当具有科学性。比如，可以设置一个百分比，买多少，返多少。返现券可以用于复购时使用，根据复购金额多寡来抵扣返现券。复购金额越高，可抵扣的金额也越高。

2. 点评

免费抽奖并不是单一的抽免单或抽赠品。如果将两者融合起来，就会显得更有新意，更具诱惑力。

免费抽奖商业模式的成功之处在于：

（1）付出的越多，越不容易放弃

如今，促销形式五花八门，如满减、打折、买一送一等。但如果直接给顾客进行商品折扣，这样的优惠得来的非常容易，而且优惠力度不够大，这些形式并不足够诱人，顾客也不怎么会珍惜。相反，越难得到的，越具有挑战性的，顾客才越会积极参与。购买商品满足一定金额，其实就是为顾客设置了一个门槛，在吸引他们获得免费抽奖资格的同时，更达到了引流变现的目的。

（2）利用消费者心理

顾客永远不会因为便宜而购买，而是因为感觉自己占了便宜才去购买。免单、赠品相比于其他形式，如折扣、买赠等，更具有诱惑力，能更好地吸引用户积极购物获取免费抽奖资格。

商超的这种"免费抽奖引流变现"商业模式，可以在短时间内快速累积大批客户，并带来顾客的持续复购，实现营业额翻番，甚至是逆风翻盘。这一免费商业模式，对商家或实体店经营者具有极大的借鉴意义。

王者荣耀：主业务免费，周边产品或服务付费

腾讯出品的王者荣耀网络游戏，已经成为当下诸多年轻人休闲娱乐的主要活动。截至2021年7月，王者荣耀的日活跃用户数量已经超过5000万，注册人数已经超过2亿。王者荣耀能够聚集如此规模庞大的用户群，其成功的关键在于商业模式的构建。

王者荣耀的商业模式即"主业务免费，周边产品或服务付费"。这一商业模式本质上其实也是免费模式。

1. 玩法

王者荣耀的"主业务免费，周边产品或服务付费"商业模式，是指用户玩游戏是免费的，但在其他方面是需要用户付费的。具体玩法是：

（1）游戏增值服务收费

这种模式下，用户不需要付费就可以玩游戏，但如果想要获得装备卡、道具卡、双倍体验卡等项目，是需要付费的。

（2）周边产品盈利

这种模式同样是用户只玩游戏不需要付费，但如果想要获得通过王者荣耀授权生产的相关实体产品，如凤求凰李白手办、赵云和妲己挂件、逍遥游神的抱枕、鲁班七号充电宝，以及一些定制的T恤、手机壳、鼠标垫、杯子等，就需要付费。

（3）商业合作盈利

王者荣耀打造的无限王者团，其成员有游戏角色李白、韩信、诸葛亮、百里守约、赵云，这五个虚拟形象。之后，与妮维雅联盟，首次开展商业合作。合作产品结合这五位虚拟形象的不同性格，打造不同功能的五种洁面乳，可谓口碑、生意两开花。王者荣耀官方还专门为此次合作产品打造了一首单曲《Make Me Up》为此次商业合作做宣传。

（4）广告服务收费

虽然说王者荣耀并不向游戏玩家收费，但通过广告服务收取费用。香飘飘Meco上市一周年之际，借助王者荣耀的庞大粉丝力量，做了一场"Meco唤醒真我，蜜谷·果汁茶，真茶真果汁"系列活动。这场活动显然是在为香飘飘做广告宣传。与此同时，用户通过购买香飘飘指定产品，可以扫描杯身二维码进入后台小程序，参与互动，有机会赢得王者荣耀永久皮肤和优惠券。

2. 点评

王者荣耀虽然游戏业务是免费的，但付费盈利渠道却实现了多样化。其商业模式成功之处在于：

（1）满足玩家多样化需求

与那些先交费后体验的游戏相比，王者荣耀的免费体验模式，将选择权交给了玩家，玩家可以自行选择"免费+耗时+耗精力"或者"付费+更多游戏体验"。这对于玩家来讲，满足了他们的多样化需求。这种能够将自主选择权交给消费者的免费模式，与那种先交费后体验的模式相比，其盈利能力要高出很多。

（2）实现多渠道变现

单一渠道的引流和变现能力十分有限，王者荣耀从免费游戏入手引流，再加上多样化付费变现渠道，为自身获得了十分可观的收益。

（3）周边产品、广告服务反向做品牌宣传

周边产品往往是根据游戏中的人物、画面等衍生出来的，随着游戏深入人心，人们对于周边产品的喜爱程度也会随之得到提升。这些游戏周边产品又反过来为游戏本身做了有效宣传，激发更多的新用户认识并喜爱上这款网络游戏。

王者荣耀为香飘飘做广告推广，不但赚了广告服务费，还通过与香飘飘的互动赚足了人气，可谓名利双收。

无论试用何种模式实现盈利，想要获得更多的基础流量，归根到底，还是要靠免费模式。这是一个企业、一个品牌快速抢占市场，并能持续吸金的根本。

小米：产品低价销售，服务额外收费

小米是全球销售智能手机最多的品牌之一，从2010年创建开始，仅用5年的时间，估值就达到了2862亿美元，如今小米更是以惊人的速度发展，成为最年轻的世界500强企业。

在谈及小米智能手机时，人们脑海中的第一印象就是"便宜"。的确，小米一直以来都是以"花更少的钱买到小米产品"著称。小米产品的"低价"，有目共睹。也有很多人提出疑问："小米产品低价销售，那它靠什么赚钱？靠什么跻身到世界500强企业行列中的呢？"

答案就是"服务"。

这就是小米的低价商业模式，即"产品低价销售，服务额外收费"模式。

1. 玩法

从企业长期发展来讲，一个公司不挣钱是难以为继的。传统企业会通过合理价格的产品最大限度赚取利润。然后再通过扩大销量来形成规模效应，以此增加公司的整体盈利。

但小米不同。初期小米为了能够快速做大用户规模，就在手机硬件上打价格战。除了手机以外，电视、空调、冰箱、电饭煲、手环等产品，都是以低价售出。然后在手机硬件的基础上，借助软件MIUI系统，打造了诸多丰富多彩的应用。因此，用户购买手机，只是花钱的第一步。在日后使用小米手机的时候，用户需要下载音乐、电影、图书、游戏等，都需要到小米的应用商店、主题商店、电子阅读、游戏中心等板块去花钱购买。这样，小米就靠低价产品赚足了流量，靠与软件有关的服务赚得盆满钵满。

2. 点评

小米借助低价商业模式，将成本控制到极致，最终实现了硬件引流与服务盈利的完美融合。

（1）满足用户的"低价高品"需求

小米以低价售卖高配产品，其实是更好地站在了用户的立场上。用户对于价格是十分敏感的，"花小钱办大事"也是用户需求之一。小米利用极致性价比，力争"让每个人都能低价享受高科技的乐趣"。小米借助价格优势，赢得了一大批用户的芳心。

（2）"卖油送灯"带来盈利持续增长

小米的这种"产品低价售卖，服务额外收费"的商业模式，其实与洛克菲勒公司的"买煤油时送出油灯"的模式类似。用户只有油灯没有用，还需要有油才能发挥价值和作用。有了这盏"油灯"，用户就会不停地购买"油"。这样就可以为小米带来盈利的持续增长。

"低价优品"意味着公司需要付出更高的成本，但换来的利润却更低。这对于企业来说，必须有其他板块和业务作支撑，才能获得持久的用户增长。小米深谙这个道理，更是用独有的创新商业模式，将生意做到了全世界。

花西子：产品组合优惠，低价占领用户心智

花西子和完美日记可谓是众多国货品牌中的佼佼者。花西子一直以来都非常注重使用者的体验，产品包装设计充满古典韵味。花西子除了注重美学理念满足消费者审美需求之外，还在商业模式上做出了创新。

1. 玩法

花西子的商业模式创新，其中一个就是低价商业模式——产品组合优惠。

花西子美妆产品的客单价要比完美日记高。花西子产品的价格通常为100~200元之间，完美日记产品的价格通常为100元以内。显然，花西子在价格上并不占优势。但花西子并没有因此而败给完美日记。

花西子定位于中高端市场，产品价格自然不会走低端路线。那么如

何破局？如何赢得竞争优势？产品组合优惠，就是一个有效的打法。

以花西子最经典的东方妆奁为例。东方妆奁是一款产品组合套装，其中含有一支小黛伞防晒妆前霜、一盒翡翠气垫、一支同心锁口红、一个蚕丝蜜粉饼（轩窗版）、一盒花润参养唇膜、一支小砍刀眉粉笔。除此以外，还包含专属礼品赠送，包括一个杜鹃定制东方妆奁包装盒、一盒翡翠气垫（同色替换装）以及一个花浅染化妆刷5件套。产品组合套装的价格与套装中单件产品价格叠加相比，就低了不少，为消费者节省了不少，而且还附赠品，更是相当划算。

2. 点评

花西子的这种产品组合优惠模式，使得品牌溢价不断上升，其成功之处在于以下几点。

（1）满足用户占便宜心理

用户往往会为了获得那种占便宜的感觉而购买。花西子套装的价格优惠了很多，与套装内产品单件购买相比，省钱就是赚钱。自然能吸引消费者下单购买。

（2）组合优惠实现商品促销

花西子的产品组合是不同类产品搭配组合在一起，完美日记是同类产品组合在一起，如口红套装、眼影套装等。花西子扩大了套装组成品类范围，再加上组合优惠优势，既能为消费者省钱，又能将产品结合使用达到更好的美妆效果。这样就可以起到更好的商品促销作用。

花西子原本走高端市场，却用产品的"组合"与"优惠"，两条腿走"低价"之路，占领用户的心智。这种低价模式其实在很多时候被广泛使用，而且所产生的商业效果屡试不爽。

钱眼公众号：订阅时间越长越优惠

钱眼公众号，致力于为用户提供独特理财眼光和使用理财技巧服务。钱眼公众号通过定期发布相关资讯内容吸引了一大批粉丝，帮助投资者寻找价值投资机会。钱眼公众号不但吸引粉丝有一套，在盈利方式上也自成一派。

钱眼公众号的"服务"板块中有一个"VIP专栏"，其中共包括八个专栏内容。这里涵盖了很多非常有见地的理财、财经资讯，用户可以通过订购的方式获得这类内容。而且用户订购时间越长，享受的优惠就越多，价格越低。

1. 玩法

钱眼公众号基于这种低价商业模式，在2021年"双十一"期间，推出"钱眼特别福利：订购加送时长"活动。用户订阅任一款VIP资讯，都可以享受折扣优惠，订阅时间越长，折扣后立省金额越大。

用户在享受超低折扣的基础上，特别添加了"订购加送时长"专属福利：订阅1个月，加送3天；订阅3个月，加送10天；订阅6个月，加送20天。

比如，订阅6个月，原价3458元，享受折扣优惠后只需2766元，而且还能多享受20天免费加送，即30天×6个月+20天=200天的资讯服务，折合每天只需花13.8元。

2. 点评

钱眼公众号的这种低价商业模式，其成功的关键在于以下两点。

（1）有效沉淀用户

钱眼公众号利用时长拉开优惠等级，使得用户为了"省钱""划算"而选择订阅更长时间，起到了有效沉淀用户的作用。

（2）带来稳定收益

在这种"硬核"逻辑的支撑下，无论用户还是公众号本身，都是受益的，吸引更多用户选择订购时长更长的咨询服务。而钱眼公众号则获得稳定的收益，收益提升只是时间问题。

第五章 CHAPTER 05

个性化定制模式：满足不同消费需求

电子商务的迅速发展，科学技术的不断进步，人们消费需求的提升，使得消费升级成为一种趋势。越来越多的消费者开始钟爱那些能够彰显自我品味、体现自我个性的产品和服务。个性化定制是企业为了迎合消费者这些新需求的最佳商业模式。

海尔：产品定制模式，满足消费者的个性化需求

传统制造业往往是通过大批量生产单一产品，从而使订单、物料、生产、设备、管理、服务简单一体化、利润最大化。但是这种做法真的能够实现一体化、实现利润最大化吗？在这个社会经济以及社会环境、消费者需求不断变化的商业圈中，大批量生产单一产品已经不能适应时代的发展了。

海尔作为传统家电制造业中的一员，顺应时代的发展，开始从传统的大批量生产转向产品个性化定制商业模式。

1. 玩法

海尔的个性化定制模式，主要体现在海尔个性化定制工业互联网平台的构建和运行当中。

海尔为了实现产品定制化，构建了个性化定制工业互联网平台

COSMOPlat。在这个平台的整体架构为"1+7"。

"1",即一个平台——COSMOPlat平台。

"7",即七个板块,即整个个性化定制流程,涵盖了交互定制、开放创新、精准营销、模块采购、智能生产、智慧物流、智慧服务等七个部分。

在整个流程中,用户借助手机或平板电脑等智能设备提出自己的产品定制需求,当这些需求形成一定的规模后,COSMOPlat平台会联合互联网工厂着手进行产品定制,从而产出符合消费者个性化需求的产品。

COSMOPlat如今在全球已经拥有25个大规模定制工业园和122个制造中心,以及15个互联网工厂。这些都是海尔实现个性化定制的重要力量。

2. 点评

海尔不走寻常路,用个性化定制商业模式迎来了全新的转折点。其成功的关键在于:

(1)以"个体"客户需求为导向

传统的大规模"群体"生产方式,是一种毫无目的的先生产后销售的方式,对于消费者的需求量毫不知情,只能预测,因此这种没有计划性的大规模"群体"生产模式是一种生产推动型生产模式。海尔以"个体"为主导的大规模个性化定制生产,是以消费者需求为起点的按需生产模式,因此,以"个体"为主导的大规模个性化定制生产是一种需求拉动型生产模式。

"需求拉动"与"生产推动"相比,前者对于海尔来讲,更具商业意义。

（2）用户参与设计生产全流程

在整个流程当中，用户参与到各个环节，以用户需求为出发点，让用户参与产品设计与生产，充分满足了用户的个性化需求。同时用户不仅仅是消费者，也是产品的设计者和生产者，因此生产出的产品完全与消费者需求相契合。这样的产品设计、生产模式更受用户青睐。

（3）实现去库存化

以往的盲目大规模生产，导致产品要么供过于求，要么不是消费者想要的，极大地增加了库存成本的风险。海尔的这种个性化定制模式，生产即销售，实现了去库存化，无须担心库存成本。

（4）打通各环节，形成有机生态体系

海尔的这种以用户需求为主导的全新个性化定制商业模式，打通了交互、定制、设计、采购、生产、物流、服务各个环节，形成了一个有机生态体系，从而具有减少产品生产的时间，缩短产品交付时间，减少产品生产成本的优势。

（5）颠覆传统电器品牌形象

以往的电器、家电产品都给人一种冷冰冰的感觉，海尔打造的每一个个性化定制产品，都是消费者的专属产品。这种模式促进了消费者的个性表达，激发了他们的创作灵感和欲望，使得个性化创意电器颠覆了以往千篇一律的电器品牌冰冷的形象。

产品个性化定制模式，已经成为当下乃至未来用户产品需求的主流。海尔基于个性化定制进行商业模式变革，其实是与消费者需求最契合的一项举措，更代表着一种产品生产制造的潮流和趋势，值得当代更多的制造业企业学习和借鉴。

尚品宅配模式：
服务定制，提供适合消费者的服务

近几年，中国家具行业在短时间内破土而出了众多定制品牌。尚品宅配作为第一个吃螃蟹的人，在国内率先提出"全屋定制"的概念，为消费者提供更加个性化的家具定制服务，并将这种商业模式做到了极致。

如今，尚品宅配已经从最初的专门从事家具、建材、装修业务的企业，演变为个性化定制化家具的龙头企业。这完全得益于其商业模式的创新。

1. 玩法

尚品宅配在服务定制方面做了很多尝试与创新。

第一步，打造门店体验中心。

由于家具产品与其他产品不同，具有一定的特殊性，所以绝大多数用户还是希望自己能亲自进行实物体验。尚品宅配充分考虑到了这一点，就在线下门店打造了体验中心。在这里，一方面可以让用户获得充分体验，另一方面能够通过与用户面对面交互，能够大概了解用户需求。

第二步，预约免费上门量尺寸。

当用户办理好网上预约，尚品宅配就会在第一时间为用户提供上门测量服务，根据用户的居家实际情况登记尺寸。

第三步，高端定制。

有的消费者因为本身对自己的房屋装修有一定的构思和想法，他们通过软件设计出自己喜欢的风格，并上传给尚品宅配。也有的消费者把设计权交给尚品宅配的专业设计师，他们与设计师面对面交流，表达自己的需求。尚品宅配的3D设计软件，不但可以精确勾勒出卧室的床位朝向、衣柜的印花图案等，用户可以更加直观地看到整个室内搭配效果和布局情况。

第四步，修改并确定设计方案。

在设计方案成型之后，设计师会与消费者再次沟通，对消费者不满意的地方进行修改，并最终确定下来。之后再签订合同。签合同的目的是更好地保障用户的利益，减少用户的顾虑。

第五步，订单生产。

尚品宅配的家具定制服务在业内有很高的知名度。在确定设计方案之后，尚品宅配会全面投入生产。无论是材料的选择，还是整体生产工艺，都会做到精益求精。在这个过程中，所有有关产品的信息都是透明的。消费者可以在尚品宅配平台随时查询订单状态，了解产品生产状况、运输信息、送达信息等。如果消费者对订单有疑问，可以在尚品宅配平台随时提出，会有专业客服快速响应与答复。如果定制家具与合同有任何不相符的地方，都会免费为用户修改。

第六步，产品配送并免费安装。

尚品宅配的所有定制服务都是智能化操作，所有的产品都是经过智能检测和挑拣后才会给用户配送。就连配送服务，也都是尚品宅配提供，而不是假手于第三方物流。尚品宅配的家具配送服务十分完善，可以保证家具出货后第一时间安全送到用户手中，还会帮助用户免费安装。

第七步，电话回访。

安装完之后，并不意味着尚品宅配的所有定制服务结束。其客服还会对用户进行回访，询问使用情况，并为问题用户快速提供解决方案。

2. 点评

尚品宅配的定制服务非常注重用户体验，其商业模式成功之处在于以下几点。

（1）用户实时参与

在整个服务定制环节，从用户到店体验到预约测量，从设计定制方案到方案修改，从产品生产到配送安装，以及电话回访，用户都参与其中。

这样做，能为尚品宅配带来两方面的好处：

一方面，整个服务过程都是"以用户为中心"，让用户感受到了无与伦比的尊重与重视，有效增加了用户的品牌忠诚度；

另一方面，用户参与设计，既是消费者，也是生产者。通过感受尚品宅配的良好服务体验，收获了参与到设计环节中的乐趣，形成了有效的口碑传播，提升了尚品宅配的品牌形象。

（2）先进技术运用

先进技术具有的力量，给我们带来的惊喜有时候是我们无法想象的。尚品宅配在定制设计中融入3D技术，并整合了云端设计资源，给用户更加直观、立体的视觉体验，让用户提前看到未来自己家的模样。这样更具视觉化的搭配效果，使他们对全新的家装充满了憧憬，更对尚品宅配产生了良好的印象。因此，用户偏爱尚品宅配，也是意料之内、情理之中的事情。

尚品宅配本身起家于传统而古老的家具制造行业，但它却能借助一套有力的商业模式，快速走出了一条与众不同的路，有效解决了个性化定制与批量化生产这一突出矛盾，在满足用户需求的同时，实现了个性化、低成本运营，提升了企业竞争力。

可以说，尚品宅配从传统家具制造向个性化定制转变的成功，是商业模式的成功。

DR钻戒：私人定制模式，让消费者获得独一无二的体验

现代人崇尚自由与个性，DR钻戒以特别的私人定制规则和"一生唯一真爱"的浪漫寓意，让消费者获得了独一无二的体验，得到了不少年轻人的喜爱。

即便近两年钻石行业并不景气，DR钻戒也能一枝独秀，其营业收入和零利润远高于同行业水平。DR钻戒的成功，源自其优秀的私人订制模式。

1. 玩法

DR钻戒的私人定制模式，具体玩法如下。

第一步，官网查询验证。

DR钻戒规定，每位男士一生只能定制一枚。所以，在定制之前，

都需要通过官网查询验证。只有那些身份证姓名没有与钻戒编号绑定的男士，才可以定制。

第二步，签订真爱协议。

在定制之前，DR钻戒都会与男士签订一份真爱协议，承诺此生真爱不变。一旦协议签订，就无法更改或删除。私人定制的戒指一旦送出，这位男士就不可以再给第二个人定制。

第三步，挑选裸钻与戒托。

在确定完心意之后，就可以进入挑选裸钻环节。消费者可以根据自己的价位需求，以及对钻石的品质、款式需求进行选择。然后，在进行戒托材质选择环节，有两种选择，一种是18K金，一种是铂金。

第四步，收集用户定制信息。

消费者无论在线下实体店，还是在线上官网定制钻戒，都需要提供定制信息，包括女士无名指周长尺寸、刻字信息，以及男士的姓名、身份证号，定制戒指的款式等。

第五步，定制生产完成交付。

在一切准备工作完毕之后，就进入正式生产阶段。DR钻戒的工匠会按照独具匠心的设计，对每一枚钻戒进行一丝不苟的雕琢，用最精湛的手艺，将每一枚DR钻戒变成富有生命和灵魂、独一无二的珍品。在定制生产完毕之后，安全交付到消费者手中。

第六步，打造浪漫专属空间。

将定制钻戒交付完毕，并不意味着DR钻戒的私人订制就此结束了。DR钻戒还会在官网为一对爱人打造浪漫专属空间，记录下二人独一无二的幸福时光，留下极具纪念意义的戒指信息，写下感人的爱情宣言，并上传甜蜜的婚纱照、生活照，让全世界去见证这对爱人经历的所有幸福与感动。

2. 点评

DR钻戒卖的不是一枚钻戒，而是在借助私人定制来传播真爱文化，传播品牌精神。

（1）独一无二的专属定制体验

从形式上看，钻戒本身就是男士向女士求婚时表示愿意与她共度一生的象征。它意味着对女士"此生唯一"的承诺与誓约。DR钻戒无论从定制规则、定制信息，还是从打造浪漫专属空间来看，体现的都是一种对消费者独一无二的专属定制服务。消费者从定制的每个环节，都能感受到这枚戒指和独一无二的体验，只是给他们的。这是DR钻戒私人订制的核心模式，从精神层面上就已经打败了其他普通钻戒品牌。

（2）面向消费能力较强的小众群体

"钻石恒久远，一颗永流传。"这句耳熟能详的广告词，充分说明钻石所代表的"恒久远"的意义。此外，钻石本身就以"昂贵"著称。DR钻戒的私人定制模式面向的是那些有结婚需求的小众群体，虽然受众范围比较窄，但他们的消费能力较强，追求的生活品质较高，因此具有很好的市场潜力。

（3）是爱情的专属祝福也是保障

DR钻戒最厉害的地方，就是用私人定制模式将钻戒文化本土化处理。原本钻戒象征着对爱情的忠贞。无论是周大福，还是从事专业钻戒生意的I DO，都是在钻戒的象征意义上大做文章。但DR钻戒则透过这个现象，捕捉人们的内心，从"婚姻保障"入手做定位。"一生只送一人"、签订真爱协议、打造浪漫专属空间等，都是最好的体现。

DR钻戒构建的私人订制商业模式，实质上是对本土市场的深刻洞察，是对人性的精准把握，同时也是行业中营造差异化的有效手段。也正是这样，才成就了DR钻戒在行业中的地位。

杭州叶子网络：众包定制模式，实现定制规模化

随着消费升级，消费者对于个性化消费的喜爱越来越凸显。为了应对消费者的个性化定制需求，就有专门的企业构建专业的平台来承接这些个性化定制业务。由此出现了众包定制商业模式。

众包定制，就是构建一个平台，将消费者分享在平台上的个性化需求做快速响应，调度给一定数量的服务商，然后通过社会化众包的形式进行个性化定制和配送。

杭州叶子网络就是采用典型的众包定制商业模式，为定制工厂、设计公司提供网上接单服务。

1. 玩法

（1）平台信息发布与展示

杭州叶子网络实际上好比是一个信息聚集平台。在其上，可以发

布用户需求、产品解决方案、商家信息等。

（2）线上接单+线下定制

用户在杭州叶子网络上可以发布自己的需求，如美食、快捷服务，然后下单。杭州叶子网络会根据用户的订单内容，第一时间调度用户附近的几家服务商，快速给出解决方案，确定方案后，几家服务商同时投入生产。

2. 点评

杭州叶子网络的众包定制商业模式，其优势在于如下几点。

（1）创意、设计、定制一体化

无论用户发布需求，还是商家给出创意、设计方案，抑或是确定定制方案，都通过杭州叶子网络平台完成，快捷且高效。

（2）实现定制规模化

杭州叶子网络的这种众包定制模式，将大批定制任务分派给多家服务商同时着手完成，相比于单一一家服务商，完成速度更快，而且实现了定制规模化。

（3）实现三方受益

这个模式对于那些有加急需求的用户来讲，不失为最好的选择；对于服务商，在杭州叶子网络的"牵线"下，又多了一条盈利渠道；对于杭州叶子网络本身来说，也能够从用户与服务商两头赚取收益，构建了三方受益的大好局面。

杭州叶子网络作为一个连接用户与服务商的"枢纽"，起到了关键性作用。杭州叶子网络的这个众包定制商业模式，有效解决了存量市场优化的问题。

>> 从0到1学商业模式

第六章 CHAPTER 06

新零售模式：
改变零售商业格局

零售市场的多元化，加剧了线上电商与线下实体零售店的竞争激烈程度，线下的多业态也在快速发展，业态之间的竞争也在逐渐加剧，线上与线下的流量资源，即消费者已然成为稀缺资源。在这样的零售市场环境下，众多创新商业模式的出现，改变了零售商业格局。

淘宝：平台模式，线下零售迁移线上

互联网进入我国之后，淘宝作为电商领域的先驱者，率先借助平台模式，将线下零售迁移到线上。淘宝的出现，为传统的线下零售业带来了新的挑战，与此同时也为自身发展创造了全新的机遇，更为整个零售业开创了新格局。

1. 玩法

淘宝在发展过程中，与时俱进，不断摸索和创新，在不同的发展时期，打造了适合不同经济环境、满足不同用户需求的不同商业模式。总结起来，其平台商业模式涵盖了以下几点。

（1）B2B模式

淘宝在一开始的时候，致力于为企业建立一个综合信息交易服务平台，共涉及40多个行业。这个阶段，其商业模式是B2B模式。

B2B（Business To Business）模式，就是企业与企业之间，实现产品、服务、信息交换的零售商业模式。在该模式下，淘宝的收入来源，主要是：

①我国的供应商；

②国内网站的"诚信通会员"；

③广告收入。

（2）B2C模式

随着进一步发展，淘宝开始商业模式创新之路。于是，在淘宝平台上聚集了大量企业、商家，买家则在淘宝平台上与卖家发生交易。这就是B2C商业模式。

B2C（Business To Customer）模式，即商家与消费者之间进行交易的零售商业模式。在该模式下，淘宝的收入来源，主要是：

①买家由支付宝担保交易，将用于购买商品的钱放在支付宝，等待确认交易完成后，这笔钱再由支付宝转给卖家。而淘宝则通过买家暂放在支付宝中的钱做投资赚钱；

②成交手续费；

③在线店铺费；

④网络广告费。

（3）C2C模式

如今，淘宝进行商业模式创新，在原有商业模式基础上又开辟了"阿里拍卖""咸鱼"频道。在这两个全新频道里，消费者可以选择复古式的易货交换，也可以选择普通的议价交易。这种全新的商业模式，就是C2C商业模式。

C2C（Customer to Customer）模式，即消费者与消费者之间进行交易的零售商业模式。

在C2C模式下，淘宝的盈利来源：

①与其B2C模式相同；

②成交手续费；

③商品登录费。

2. 点评

淘宝作为一个电商平台，借助平台模式，实现了零售从线下向线上的迁移，其优势在于以下几点。

（1）多渠道带来广泛盈利

多个渠道，多条路。淘宝充分发挥了自己的平台优势，聚合了广大的卖家与买家在其平台上发生交易，且盈利来源广泛，这为淘宝带来了源源不断的利润，使得淘宝在发展过程中，有了强大的资金后盾。

（2）有效扩大了用户规模

在这个流量为王的时代，谁掌握了庞大的流量，谁就拥有市场话语权。淘宝商业模式的创新，不但将广大商家聚集到平台上，使得平台已经成了一个规模十分庞大的百货商店，有效吸引不同商品需求的用户流量；还将那些"发烧友"或某个行业的专家聚集到平台上，将其收藏的宝贝拿到网上与一些有相同爱好的人交流，顺便成就生意。

（3）在线支付实现流量闭环

在淘宝上，用户结算都是通过淘宝打造的支付工具——支付宝完成的。这样，就构成了"购物+支付"的流量闭环，所有的流量都在自有平台上循环，有效减少了平台流量的外流。

淘宝从借助平台模式打破传统实体零售开始，就已经为自己赢得了绝佳的市场拓展机会。如今的淘宝，无疑已经在平台商业模式的推动下，成为了中国的电商巨头，更为自己赢得了巨大的盈利空间。

河狸家：O2O模式，线上线下深度融合

新零售的本质就是商品与服务的重构。美业服务平台河狸家的商业模式，就是对服务的重构。

河狸家自2014年创建以来，就是以美甲、美容、美发、美睫、微整形、美体、化妆造型、按摩为主要业务。作为第一个切入上门美妆行业的服务平台，河狸家的业务量一路飙升。最新运营数据显示，其日订单量达到将近12000单，刷新了之前公布的8000多单的日峰值。

河狸家的成功，源自其优质的商业模式——O2O模式。所谓"O2O模式"，就是"Online To Offline"，简单来说，就是通过线上服务揽客、订购或预约，线下为顾客提供上门服务。

1. 玩法

（1）操作流程

第一步，线上购买。

用户可以通过河狸家APP或者第三方平台，如饿了么、口碑，选择自己所需要的服务，并线上支付购买。

第二步，线上预约。

在支付完毕之后，就可以进行线上预约。预约可以进行时间预约和到家或到店预约。用户可以选择更加适合自己的服务时间和地点。

第三步，到家/到店服务。

河狸家的手艺人会带着所需工具，在预约的时间和地点为用户提供专业服务。

（2）具体玩法

最初，河狸家是没有门店的，只是有由手艺人建立的线上虚拟工作室。目前河狸家平台有超过3000家虚拟工作室，存活率达到90%。

随着河狸家生意规模越做越大，河狸家开始打造线下实体店——邻里店，以实现到店、到家服务两条腿走路。

如今，为了弥补自己的短板，河狸家寻找志同道合的伙伴进行合作。而天猫则成为其最重要的盟友。河狸家推出了基于"服务+实物"的新零售O2O模式。

河狸家与天猫合作的具体玩法如下：

①买爆款商品送连带服务

比如，用户购买了爆款产品之后，河狸家的手艺人就会上门为用户提供品牌新品试用服务。

②美容仪器品类服务拓展

用户如果购买了美容仪，河狸家就会为高价值用户免费提供新品上门体验服务。

③品牌会员权益定制服务

这是河狸家O2O模式下的新玩法，支持为品牌会员提供定制化品牌专属线下上门服务。

例如，河狸家与天猫共同推出了一个"变美魔镜礼盒"，其中包括天猫精灵QUEEN（智能美妆镜）和配套的美业服务。河狸家的手艺人则在线下结合智能美妆镜的数据和分析结果，为用户定制更加精准的变美方案。

2. 点评

基于O2O商业模式，河狸家所提供的简单、高效、舒适、便捷服务，对消费者来讲，具有很强的吸引力，也为自己赢得了巨大的盈利。具体来讲，主要体现在以下几方面。

（1）人性化服务，激活潜在需求

与传统的线下实体美业店相比，河狸家没有线下门店，省去了店面租赁成本、装修成本、水电费成本等。这样，河狸家所需运营成本要远低于门店，有效节约了成本。

如今，河狸家的到店/到家两种服务渠道，给消费者极大的选择权，上门还是到店享受服务，可以自主选择。如果用户没时间出门，就可以选择到家服务，利用上班午休、下班回家、喝下午茶的零碎时间，完成美甲、美睫等休闲活动；如果用户正好在外逛街，就可以选择最近的邻里店享受美业服务。这让用户获得了更新、更全面、更高效、更人性化的服务体验，极大地刺激了时间碎片化的爱美人士的潜在需求。

（2）进军实物销售，实现双赢

早期，河狸家做的只是单纯的美业服务。当下，河狸家的业务范围得到了延伸和拓展，与天猫的合作实现了"服务+实物"新零售O2O模式，实现了多品类经营，为消费者提供一站式变美服务。这既确保河狸家自己的营收，也保证了高端品牌通过高品质服务获得良好口碑，构建了双赢的局面。

河狸家借助O2O模式，实现了线上线下的深度融合，改变了供需两端的组织形式和服务形态，更创造了超出以往用户的服务体验，在激活潜在市场增量方面，充分体现出了其商业模式所具有的巨大优势。

拼多多：拼团+砍价模式，实现流量精准裂变

拼多多上线不到三年的时间，就从一匹"电商黑马"走上了成功上市之路，并且还频频晒出不俗的成绩，如今已经跻身于电商排行榜靠前的位置。拼多多的成功，很重要的一个原因就是"拼团+砍价"模式。借助这一模式，拼多多也为自己拼出了一个"好前程"。

1. 玩法

（1）拼团模式操作流程

第一步，开团。

用户在看到心仪的商品之后，有两种购买渠道：一种是"单独购买"，另一种是"发起拼单"。想要低价购买，只能通过"发起拼单"开团实现。在选好产品款式、尺寸、重量等选项之后，提交结算，此时就已经成功开团。

第二步，分享。

在成功开团后，需要寻找与自己一起拼单的人，通常至少两人成团，也有多人成团的情况。只有成团后，商家才会发货。所以，用户需要将拼团相关信息，通过微信转发和分享给自己的亲戚、好友、同事等，邀请他们积极参团。

第三步，成团发货。

当参团人数达到商家设置的成团人数时，就意味着低价拼团成功。这时，拼团进入下一流程，即商家在约定的时间内为用户发货。

（2）砍价模式操作流程。

拼多多有一个"商品免费领"板块，这里就是砍价模式操作的入口。

第一步，选择免费领商品。

用户进入"商品免费领"页面后，点击"点击免费领"，选择自己想要的商品。

第二步，确认收货地址。

选择好商品后，页面跳转，用户确认自己的收货地址。

第三步，开始分享砍价。

在确认收货地址后，就进入正式砍价阶段。用户需要通过微信将砍价信息分享给好友，邀请好友助力。助力的人越多，砍价就越能快速成功。

第四步，砍成发货。

在砍价成功后，商家就会按时免费发货。

2. 点评

拼多多在电商领域缔造了一个商业奇迹，拼多多的成功是有目共睹的。

（1）满足一部分人低价的需求

在拼多多出现之前，绝大多数市场已经被淘宝、京东这样的电商巨头所占领。拼多多作为后来者，要想在相同的用户领域分得一杯羹，确实有难度。因此，拼多多走下沉路线，从农村电商中寻求新的商机。而这部分用户的现状是消费水平较低。拼多多的"低价拼团""砍价免费拿"，就很好地满足这部分人低价的需求。这也成为拼多多获取基础流量的绝佳入口。

（2）打开了消费升级的大门

以往的消费活动，往往是你卖我买，买家与买家之间没有任何交集，买家与卖家之间是一种十分纯粹的买卖关系。在这两种关系下，买家仅仅是为了满足其物质需求。

当前，随着互联网、社交平台、智能移动设备的出现，人们社交的方式逐渐从原来的面对面方式转化为网络社交。人们可以足不出户，就能实现交流、讨论，这同时，也为商业活动的开展提供了一种全新的渠道，消费者更加喜欢甚至习惯于在手机上进行社交、在手机上购买自己喜欢的商品，这样就能够实现边社交、边购物，使得消费活动在娱乐与互动中轻松、愉快地进行。这体现的就是一种消费升级，是应对当下消费需求升级的最好方式。

（3）借社交方式实现流量裂变

"拼团""砍价"通过社交的方式刺激消费者深度参与其中，使得"拼团"和"砍价"能够在"低价"和"免费"的基础上受到广大用户的青睐。在整个过程中，用户成了平台或产品的免费宣传者，形成一定的群聚效应。在这个获客成本逐年高升的时代，"拼团""砍价"为平台或商家提供了一个全新的获客渠道，借助社交关系，实现了用户寻找用户的"病毒式"传播，达到了流量裂变的目的。

（4）实现良性循环

无论任何时代，消费者对于产品价格都比较敏感。低价才是新零售领域颠覆原有业态最核心的竞争力。拼多多凭借"拼团""砍价"模式，在低价的诱惑下，让消费者自主扩大商品传播范围。一方面可以为消费者降低购买成本；另一方面可以为拼多多平台带来更多的销量。因此，这种模式是一个互利共赢的模式实现了良性循环，为平台和商家带来源源不断的财富。

没有无缘无故的失败，也没有无缘无故的成功。拼多多能够成功吸引大批卖家入驻，能够成为广大商家掘金工具，更是给很多人带来了全新的商机，吸引人们纷纷在拼多多平台上全力掘金。这一切足见拼多多商业模式潜在优势巨大。

抖音：短视频+直播带货模式，引流变现快人一步

抖音是一个记录美好生活的短视频分享平台，为用户创造了十分丰富多样的玩法，随着抖音功能的不断完善，抖音直播功能上线。由此，在以往以优质内容产出盈利的基础上，实现商业模式创新，短视频+直播带货模式，以一种全新的姿态，帮助平台商家实现了种草拔草快人一步，同时也为自身赢得了巨大的财富。

1. 玩法

抖音的短视频带货与直播带货模式，既是两个独立的个体，又存在互补关系。

（1）短视频带货

第一步，账号定位。

要想做短视频带货，首先要在抖音平台注册账号。并通过账号昵

称、头图、封面图、个人资料等设置来给自己的账号做定位。

第二步，打造优质内容引流。

短视频带货，优质内容是关键。怎样才能算是优质内容呢？即满足消费者心理需求、感观需求的内容。因此，要从账号定位出发，去拍摄和制作优质内容，借优质内容吸引流量。

第三步，开通抖音小店。

当平台商家凭借优质短视频内容吸引了大批流量之后，就可以开通抖音小店，在小店内展示和售卖商品。

第四步，短视频挂小黄车，实现流量变现。

如果把抖音小店看作是超市，那么小黄车就好比是超市的购物车。当然，也可以认为小黄车是抖音小店的一个业务。这便是抖音小店和小黄车的关系。

开通了抖音小店，也就自带小黄车业务，而小黄车的作用，则是将产品链接挂在视频作品上，便于用户点击小黄车直接跳转至抖音小店商品的页面。也就是说，小黄车是抖音小店中商品链接的一种展现方式。

消费者可以直接进入抖音小店购买，也可以通过短视频下方的小黄车购买心仪的产品，实现流量变现。

（2）直播带货

第一步，为直播间引流。

抖音直播带货引流的方式有两种：一种是通过优质短视频内容为直播间引流；另一种是直接通过直播内容为直播间引流。

第二步，直播间种草拔草，实现流量变现。

在用户进入直播间后，商家就可以为直播间右下方的小黄车中的商品做介绍，甚至当场试用，告知用户试用体验，当围观用户发现有喜欢的商品时就会下单购买。

2. 点评

抖音借助短视频+直播带货商业模式，多路径打开了新零售生意之门。其商业模式的优点有以下几个方面。

（1）良性内容生态推动商业发展

与其他新零售商业模式相比，抖音进行了引流工具和变现工具的创新。短视频与直播原本是一个人们用来娱乐和消遣的工具，为其赋予更多的商业属性后，承接了带货功能。这些都是抖音在结合自身特点的基础上，在不影响用户观看体验的情况下，设计出的能够借助良性内容生态，更好触达用户的商业发展模式。

（2）成为社会化营销的主战场

抖音无论短视频还是直播，都具有分享功能。用户可以将自己喜欢的短视频作品、直播间分享给自己的微信、QQ好友等，邀请他们前来围观，有效实现流量快速裂变。显然，抖音已经成为当前社会化营销的全新主战场。

（3）带来耳目一新的消费体验

抖音这种边看边买的模式，对于消费者而言，在享受视觉盛宴的同时，还能获得身临其境的试穿、试用体验。全新的购物模式，给他们带来了耳目一新的感觉。

（4）直播加强粉丝互动与黏性

当前，流量越来越贵，如果不能将已有的流量做好维护，一旦粉丝流失，就是一种巨大的损失。以往的新零售模式，商家和粉丝之间没有更多接触，缺乏互动，商家与粉丝的关系若即若离。但抖音的直播带货模式，通过主播与粉丝之间的话题互动、情感交流等，使商家与粉丝之间更加了解，彼此之间更加靠近，能够建立起更好的信任关系，有效加强粉丝黏性。

抖音作为短视频领域的典型代表，创新商业模式，入局新零售，对那些处于行业困境中的企业和商家而言，无论从推广还是营收来看，都是不错的选择。企业和商家能够因为抖音而获利，抖音自然也能因此而迎来发展的高光时刻。

当当网：自营+联营模式，低价实现平台与商家共赢

当当网以主营图书音像出版物而著称，是典型的新零售电商平台。当当网经过多年的发展，已经构建起一个完整而庞大的"采购—销售—支付—物流"体系。

如今，当当已经从图书拓展到各品类，涵盖了美妆、家具、母婴、服装、3D数码等十几个大类，数百万种商品，成为中国最大的图书资讯集成商和供应商。

当当网能够赢得庞大的市场，取得傲人的成绩，源自其"自营+联营"商业模式。

1. 玩法

（1）自营模式

自营模式即自己进货自己卖。

第一步，采购。

当当网图书产品全部来自出版社以及出版社指定的发行商，音像产品全部由出品公司和相应的发行商提供。

第二步，销售。

当当的零售业务，主要是通过线上完成的。消费者可以在线浏览商品，下单购物。

第三步，支付。

支付方式有三种：网上支付、货到付款、银行转账。

第四步，配送。

早期，当当网的配送是由自建的物流体系完成的。当前，当当的物流配送方式主要是外包配送，即由第三方完成商品配送服务，如顺丰、中通等。

（2）联营模式

当当除了自营模式之外，还兼顾联营模式，即通过招联营商入驻平台，自己赚取店铺租金。

第一步，招联营商。凡是想入驻当当的合作伙伴，都可以一定的店铺租金加入。

第二步，联营商销售，在当当平台完成支付。

第三步，商家配送，即图书门市、网店负责将商品送到用户手中。

2. 点评

当当网通过能够在新零售领域站稳脚跟，并获得良好的发展前景，根源在于其商业模式的灵活性。

（1）多条渠道多条路

当当除了做自营之外，还做联营。两种模式双管齐下，为当当赢得了更多的利润。这样给消费者更多的选择权，双向盈利，比单枪匹马要好很多。

（2）第三方配送节约成本

将配送服务外包给第三方来完成，会使分工更明确，可以有效节约当当自身成本，有限资源可以用于巩固和扩展自身核心业务。同时还可以减少企业资金投资和短缺的风险。另外，当当当日下单次日送达的物流模式，有效提升了商品送达效率。这一点也能有效增加自身在消费者心中的好感度。

（3）有效实现共赢

当当网在联营模式下，各商家共同采取相同的经营方式。这对于当当来讲，便于统一管理；容易引进大品牌，提高平台档次；减少人工成本、库存成本，多了一条盈利渠道。对于联营商来讲，能够节省许多管理精力；当当平台会对各联营商的业绩有一个较大的带动作用；可以让联营商借着当当平台更好地进入新市场。由此看来，联营模式实现了当当与联营商的共赢。

当当网的商业模式，顺应时代发展，从重资产模式向轻资产模式过度。这种"自营+联营"的商业模式，看起来或许稍显简单，但从当前当当在图书电商零售领域的地位来看，其发挥的效果是非常显著的。

唯品会：特卖模式，低价好货赢得人心

唯品会成立之初，就是一家专注于做中高端名牌特卖的电子商务网站。如今，唯品会凭借自身极具特色的特卖商业模式，构建了"名牌折扣+限时抢购+正品保险"盈利模式（也被称为"闪购模式"），在电商领域赢得了一大批中高端消费者，与淘宝、京东、拼多多齐名，成就了自己"四大金刚"的地位。

1. 玩法

唯品会每天早上10：00和晚上8：00，准时上线200多个正品品牌特卖。唯品会的特卖商业模式玩法会随着自身的发展不断进行调整和完善，不同时期，其玩法也会有所不同。以下是唯品会特卖商业模式的最新玩法，共分为六个板块。

（1）超级大牌日

在唯品会首页推荐中，"超级大牌日"板块，每天都会推出一个大品牌，做特卖。为此，在唯品会会员个人主页，还专门开辟了"特卖日历"栏，并附有"提醒开售"服务，方便有特定品牌产品需求的消费者，不要错失良机。

（2）3折疯抢

"3折疯抢"同样是唯品会特卖模式中的玩法之一。在该板块中推出的品牌商品，其特点就是"限时抢购""3折封顶"。在这一版块中，还开辟了"今日上新""疯抢热卖""疯抢预告"三个栏目，用户可以随时查看上新品牌、热卖品牌和品牌预告。

（3）唯品快抢

"唯品快抢"的主题是"爆款天天低价"。在这里还开辟了"限时秒杀"栏目，每天的10:00、12:00、18:00、20:00这四个时间点开抢。秒杀的商品，都是60天以来的历史最低价。

（4）今日特卖

"今日特卖"中售卖的都是根据用户搜索、浏览商品时，根据用户喜好为用户推荐的"超值好货"。

（5）我的特卖

除了以上四个板块之外，唯品会还推出"我的特卖"。这里推荐的商品，都是消费者浏览过的且已经降价的商品，以及消费者常买常逛的商品。

（6）国际好货全球购

唯品会还推出了"国际好货全球购"板块，主打国际产品，分为"进口超市""进口快抢""国际大牌街"三部分，并为消费者提供退换无忧服务。

2. 点评

唯品会的商业模式无论进行何种创新，都是围绕"特卖"这个主题进行。其成功之处在于以下几点。

（1）构建了独有的护城河

在模式上，"特卖模式"在国内是首创。与淘宝特卖、聚美优品、聚划算等的特卖相比，唯品会做的是专业的品牌特卖，走中高端路线。而其他电商平台上，"特卖"主要停留在个别的商品促销上，像唯品会这样专业做特卖的网站几乎没有。也正是如此，唯品会的"特卖"概念能够做得深入人心。

另外，低价淘到心仪品牌产品，满足了那些想要"淘大牌""捡大漏"用户的迫切需求。唯品会是我国第一个大规模地为用户提供低价品牌商品的电商平台。所以，消费者有低价购买品牌商品需求时，第一个想到的电商平台就是唯品会。足见，唯品会借助特卖模式，为自己构建了独有的护城河。

（2）高效发货，减少库存成本

唯品会的商品分为两部分：一部分是自营商品，另一部分是商家商品。货源一半是从品牌商授权进货，另一半是从一级代理商进货。二者与唯品会合作，建立长期的信任关系，从而保证为唯品会提供优质优价的商品。从仓储层面来看，唯品会的商品快进快出，品牌商供应的商品进入哪个仓库，唯品会就会在仓库就近的地区和城市上线这款商品。这样有效保证了唯品会的发货速度。

此外，唯品会每次上线的商品，在限售时间一结束，库存商品就立刻会从仓库撤出，为即将上架的新品腾出空位，有效减少库存成本。

（3）用户黏性与交易数量实现双升

唯品会采用限时限量模式，在每天的固定时间上线新品，随即在限售时间内下线已售商品，这无疑是最吸引用户的一个购买环节。不但可以拥有活跃用户，还可以在短时间内增加参与疯抢的人数，达到快速增加用户黏性、快速提升交易数量的目的。

（4）正品保证，赢得消费者口碑

唯品会承诺100％正品，这对于消费者来说是一个重要保障。低价购买到正品，是让每位消费者感到开怀的事情。唯品会会对采购的商品进行严格把关，滚动抽检；对供货商的营业执照、产品检验报告以及品牌授权许可文件等都会严格审查。以便给消费者带来更加放心、安心、满意的消费体验，赢得消费者口碑。

（5）足不出户享受海外产品

出国购买海外产品，对于消费者来说，非常不便利。唯品会推出"国际好货全球购"，就为消费者解决了诸多麻烦，让消费者足不出户就能以最快的速度享受到海外高品质产品，并且品质有保证。

正所谓"术业有专攻"。唯品会借助特卖商业模式，与淘宝、京东这样的大型电商平台形成差异化，并以此建立了独特的品牌形象，是其他电商平台所无法比拟的。这也正是唯品会最大的竞争优势所在。

有赞：分销模式，让更多人成为分销员

有赞是一家面向商家的线上开店系统，专注于帮助商家搭建网上店铺、提高留存复购的网上零售平台。有赞在2014年成立，发展四年的时间就成功上市。至今已经获得了腾讯、百度等超过2.5亿美金的融资。这足以说明，有赞这些年的发展是非常成功的。

有赞为何能够节节高升？主要得益于其分销模式。

1. 玩法

有赞分销模式，主要有三种玩法。

（1）分销员

分销员模式，分为两种：

①基于商品分享的分销方式

这种分销方式类似于借助粉丝积累、分享和裂变，帮助商家拓宽推广渠道，是一种轻型分销方式。

有赞平台上的商家可以设置分销员推广页面，并生成推广链接，通过自定义菜单、店铺导航、微信群等渠道将分销页面推广出去，吸引广大粉丝申请成为分销员。商家审核通过后，粉丝就可以正式成为分销员。

有赞分销员分为普通分销员和高级分销员。普通分销员，就是商家可以发展一个粉丝作为分销员A，A成功推广后可以获得一定佣金。高级分销员，就是分销员A发展一个粉丝成为分销员B，B推广成功后，A和B共同获得相应的佣金。

分销员A，就是一级分销员；分销员B，就是二级分销员。发展一级、二级分销员是国家允许的，超过二级就是违规的。

②独立运营分销店铺方式

分销商独立运营分销店铺，供货商为分销商提供货源并负责发货，分销商可以有自己的营销策略和定价策略。

（2）供货商平台

供货商平台模式，就是供货商通过平台与众多有赞微商城分销商及微小店店主建立合作，以便更好更快地把商品推销出去。

普通供货商则按照"买家付款单"金额的1%作为服务费，交给有赞平台。并在订单结算阶段，供货商向分销商支出分销佣金。

（3）全员开店

全员开店模式，即企业发动内部员工和外部兼职人员，通过手机开店的方式销售本企业的产品。

个人开店成功之后，企业所设置的默认商品，会自动上架到分销商店铺，分销商只需要将店铺主页或商品分享到朋友圈、微信群、微博，或者分享给微信好友，就可以通过推广获得相应的盈利。

例如，TCL作为有赞家电类电商的领军者，在早期就是通过全员开店的模式，足见自己的微商分销大军，让品牌进入微商领域的。当时，TCL招募了2000多个分销商，通过微信企业号管理分销商，使得销售额直接突破100万元。

2. 点评

有赞分销商业模式的优势在于以下几点。

（1）社群裂变吸引更多的人做分销

分销与社交息息相关。在分销模式下，每个一级分销商都可以发展下级分销商。在这个过程中，用户既是消费者，又是生产者；既是需求者，也是供给者。用户充分利用自己的社交圈，不断进行裂变推广，让品牌覆盖更多的人群，让更多的人帮企业卖产品。

（2）有效降低货品积压风险

分销员无须采购囤货，只需要为品牌做商品推广即可，有效降低了渠道货品积压的风险，提高了商品的流通效率，因此可以获得更多分销商的支持。

（3）佣金"利诱"

分销员通过自己付出的推广劳动，换取佣金结算。在低成本、佣金"利诱"下，更多的人愿意成为分销商。

（4）快速形成口碑传播

员工是最好的销售员。全员开店模式的目的就是扩大企业的销售渠道，让员工变为分销商，一方面，员工更加了解本公司产品特点，更加便于产品推广，让品牌在社群中快速形成口碑传播；另一方面，可以在一定程度上节省有关产品认知度培训成本。

有赞平台好比是一个"为他人作嫁衣"的平台，在品牌和分销商共同受益的基础上，实现自身的发展与盈利。也正是在分销模式的作用下，有赞平台上的用户数量取得了全方位增长，成了零售行业中具有代表性的企业。

瓜子二手车：直销模式，没有中间商赚差价

瓜子二手车从上线至今，业务覆盖全国200多个城市，已经成长为中国最大的二手车直卖平台。一句"没有中间商赚差价"口号，就是对其直销商业模式的最好诠释。

1. 玩法

瓜子二手车的直销模式，其具体玩法就是：线上下单，线下交付。

第一步，卖家需要将自己的车辆信息提交给瓜子二手车官网。

第二步，瓜子二手车派出专业评估师上门做车辆评估。

瓜子二手车还通过人工智能技术，不断提升车况判定的准确性，建立了当下全球领先的检测体系，为每辆上架的车都做专业检测，将所有泡水车、事故车等具有风险因素的车辆都排除在外。

第三步，车辆在瓜子二手车平台上开始售卖。

第四步，买家看车，线上下单。

以往，用户在瓜子二手车App上浏览车辆信息，然后系统会通过人工智能体系计算出兼顾交易销量与市场竞争力的公允价格，并将价格报给买家。买家看中心仪的车辆，认为价格合理，就会在线上下单。

如今，随着科技的不断推动、消费需求的不断升级，瓜子二手车在2021年进入新电商模式阶段。用户看车可以借助时下最前沿的技术，如视频、VR、IM等方式，能更好、更真实、更透明地了解车辆情况，而且还能获得平台专业的咨询和建议。

第五步，线下完成交付。

目前，瓜子二手车自营的瓜子严选与超过6000家入驻车商可以线下提车，也可以享受瓜子二手车的极速物流全国送货上门服务。

除此之外，在服务方面，瓜子二手车也做了相应的升级。瓜子二手车还提供代办过户、交付、售后等服务；提供试开7天无理由退车服务。

2. 点评

瓜子二手车的这种直销模式，有效实现了买卖双方利益的最大化。具体来看，其成功之处在于以下几点。

（1）解决卖家痛点

对于车主来讲，如何能在最短的时间内，以最高的价格把车卖出去，是他们最为关心的问题。很多车商，在车检过程中会极力压低价格，卖车周期也没有准头。卖家的利益得不到保障。

但瓜子二手车的直卖模式，则很好地消除了卖家的顾虑。卖家需要将车辆出售信息提交给瓜子二手车官网，其余一切工作都由瓜子二手车完成。不但提升了卖车效率，还保障了卖家的最大收益，缩短了卖家的卖车周期。

（2）解决买家痛点

对于买家来讲，买车一方面希望能够低价买到好车，另一方面希望能够获得优质的售后服务。这两个痛点，瓜子二手车全部能够为其解决。

首先，瓜子二手车为买家提供更加丰富、真实的车源，能有效保障车辆的合格、安全性，让买家能够买得放心，用得省心。

其次，瓜子二手车关于买卖双方的信息都是透明的，买家无须担心"中间商赚差价"。

再次，买家可以足不出户就能借助VR看车，极大地提升了消费者的消费体验。

之后，买家还能享受专业售后人员的服务，这又多了一层保障。

最后，瓜子二手车提供的代办过户、交付、售后等服务；提供试开7天无理由退车服务等，也让买家花的每一分钱都物超所值。

（3）解决地域限制问题

有不少二手车市场将车源聚集在同一个地方，这样就存在一个地域限制的问题，给卖家与买家线下交付带来了不便。

瓜子二手车的业务覆盖全国200多个城市，在线上零售的基础上，打破了地域限制的问题，推动了二手车在全国的流通。

总之，瓜子二手车的这种直销模式，虽然传统，但它却有效提升了行业效率，创造了巨大的用户价值，为瓜子二手车赢得了市场和品牌知名度。

盒马鲜生：加工+店中店模式，快速增长营业额

盒马鲜生本身是一个超市，也可以说是餐饮店。消费者既可以到店购买，也可以在盒马鲜生APP上下单，享受送货上门服务。但盒马鲜生作为新零售领域的超市，却有一个与众不同的地方，就是其极具特色的加工+店中店商业模式。

1. 玩法

（1）加工模式

由于盒马鲜生门店中，开辟了一个很大的区域——生鲜区，在整个卖场中，大约占比20%左右，虾、蟹、鱼等海产品十分丰富。海鲜讲究的就是新鲜度，所以，盒马鲜生专门开设加工区，与卖场相结合，为消费者提供海鲜代加工"一条龙"服务，方便消费者在最短的时间内吃上最新鲜的食材。

具体流程如下：

第一步，消费者去水产档口选自己喜欢的海鲜；

第二步，选好后，去称重打签；

第三步，到无购物通道领号排队；

第四步，到水产档口付费并加工食材；

第五步，电子叫号器会震动且发出声音，消费者就可以到海鲜吧取餐，开始享受美味海鲜。

（2）店中店模式

盒马鲜生还有一个与其他零售店不同的地方，就是在其店内，还设有其他店铺。这种店中店模式，主要是盒马鲜生通过招租的形式，吸引餐饮企业入驻。

彩泥express与盒马鲜生合作，成功入驻盒马鲜生，通过店中店打通线上线下。虽然店铺面积只有30～50平方米，却解决了消费者最后一公里的吃饭问题。

2. 点评

盒马鲜生借助自己独有的商业模式，在新零售领域打造出了独特的竞争力。具体来讲，其优势在于以下几点。

（1）体验型消费增强用户黏性

消费者可以在购买海鲜后，当即吃到新鲜海鲜，使得盒马鲜生又多了几分"餐饮店"和"菜市场"的味道。这样的混合体，能带给消费者一种新鲜感，也能通过新型消费场景，享受到在其他传统超市无法享受到的服务体验。

（2）餐饮多样化高效引流

餐饮店的入驻，使得盒马鲜生除了自身产品之外，还增加了其餐饮品种。餐饮多样化，更具吸引流量的能力，也让消费者有更多的选择，为盒马鲜生带来更多的客流量和销量。

（3）降低运营成本，增加利润分成

盒马鲜生引入餐饮店，一方面可以将店中的一部分闲置面积租赁出去，有效降低运营成本；另一方面可以与成熟餐饮品牌实现互相持股，并按投资占比获取相应的利润分成，有效增强市场竞争力。

在超市迈向电商领域，经历O2O洗牌之后，盒马鲜生借助新思路，创造新模式，打开新格局，重新将视野驻足线下，构建了更加垂直的生态，挖掘更深层次的用户流量，开发了更大的市场空间。从这一点来讲，盒马鲜生与那些只注重O2O模式的超市相比，就已经取得了胜利。

淘咖啡：
自助服务模式，消费者自己动手丰衣足食

过去无人驾驶、无人商店只有在科幻影视作品里才能看得到。如今，现代科技的发展，使得黑科技在人们生活中的渗透率越来越高。在这样的大环境下，众多无人超市的出现，冲击着人们的传统观念，开始在新零售领域大放异彩。

在无人超市新零售领域，阿里巴巴无疑是领跑者，推出了无人零售超市——淘咖啡。淘咖啡是集商品购物与餐饮于一身的线下实体零售店。进店消费的顾客，从选购商品到结账支付，所有环节都是由顾客自助完成。淘咖啡无人超市的这种商业模式，就是自助服务模式。

1. 玩法

淘咖啡的自助服务模式，其玩法如下。

第一步，进店。

在淘咖啡店内，没有导购员，没有收银员。消费者第一次进店时，可以通过人脸识别登录绑定淘宝购物账号，扫一扫门口的二维码，系统进行身份授权（即同意支付宝代扣现金的协议），之后会获得一张电子入场券。该入场券只有5分钟的有效期，过期作废。再通过门店闸机时，扫一下这张电子入场券，就可以进入店内。

第二步，选购。

在超市内，商品品类齐全，货架置于店铺两边，中间则设有咖啡桌。店内布满了各种摄像头对消费者的产品选购行为进行图像捕捉，以便识别消费者的消费习惯、喜好等相关信息。顾客在门店挑选商品的过程中，全程不用再掏手机，可以借助卖场的互动云屏、扫码等方式刷脸即可完成商品加购。

当货架上某件商品即将缺货时，运营者在后台大数据的帮助下，及时对热销商品进行备货，保证货源供应，加速商品流通。

第三步，结账离店。

顾客在离店时，首先会通过第一道门，这里布满了各种传感器、人脸识别等技术产品。在消费者经过这里的时候，就已经自动完成了人和商品的识别，进行对消费者和商品的双重身份核实。

接着会进入第二道门，即"支付门"。在这里时，顾客选购的商品生成订单，用户不需要打开手机淘宝或者支付宝，直接通过刷脸的方式就能以一秒的速度自动完成付款。整个结账和离店过程，仅需5~6秒时间就可以完毕。

当然，如果消费者没有选购任何商品，第二道门就不会自动打开，消费者需要从旁边的无购物通道离开。如果消费者带着商品从无购物通道离开，则会触发警报。消费者的强行离开行为会影响其日后再次进入该无人超市进行购物和消费。

2. 鉴赏

阿里巴巴打造的淘咖啡无人超市,借助新技术的力量,开创了全新的自助服务模式,为新零售的发展增色不少。究其成功之处,在于以下几点。

(1)新技术保证超市有序运行

阿里巴巴的淘咖啡无人超市得以成功有序运行,关键在于物联网支付、电子标签、传感器、人脸识别等新技术的保驾护航。

(2)全程自助服务提升购物体验

在各项新技术的助力下,在淘咖啡消费的顾客,全程自助服务,没有其他因素的干扰,反而感到既新奇,又省时省事。消费者感受到新潮流带来的便利感、快捷感,有效提升消费者的购物体验。

(3)提高运营效率,节约运营成本

传统线下门店,导购员、营业员、收银员等应有尽有,人力成本居高不下。淘咖啡借助新技术,实现了"消灭导购员,消灭营业员,消灭收银员",有效砍掉了人工成本,降低了零售业成本。另外,没有令人头疼的排长队结账,使得购物过程变得十分高效。

(4)目标检测与追踪了解顾客,保证货源供应充足

在传感器、大数据的作用下,后台对店内顾客发生的行为数据,如顾客对货架的访问情况、顾客的移动轨迹、货架的库存状态等进行追踪和记录,就能全面掌控店内商品的数量情况以及受欢迎情况。一方面,无人超市老板可以前所未有地了解自己的顾客,如顾客通常在逛超市的时候喜欢走哪条路线、哪个货架的客流量最为密集;另一方面,能及时对那些热销品、即将缺货的商品进行及时补货,保证货品供应充足。

（5）实现线上与线下相融合

虽然淘咖啡这样的无人超市，看上去是线下门店，但实际上自顾客扫码进店的那一刻开始，就无时无刻不与线上产生关联，而且借助各项信息技术构建的智慧购物场景，也与线上互联网产生密切关系。由此可见，无人超市实现了线上与线下的紧密融合。

阿里巴巴打造的淘咖啡无人超市，是一种基于技术的商业模式创新。这既是零售业消费者的场景诉求、服务诉求，也是新零售这一商业模式的最终目标。

第七章 CHAPTER 07

产业整合模式：实现轻资产轻运营

如今，轻资产非常受业界内外追捧，诸多企业已经从之前的重资产模式向轻资产模式转型，不少企业已经在轻资产模式下尝到了甜头。产业整合模式，可以对产业资源要素等进行兼并与重组，有效实现轻资产轻运营。

小猪民宿：租赁共享模式，盘活闲置房源

随着共享经济的不断发展，越来越多的企业开始向共享经济迈进，希望借助共享经济将自己的闲置资源重新利用起来创造价值。小猪民宿，就是共享经济下诞生的产物。

小猪民宿，是国内知名民宿预定平台，主要承接短租特色住宿项目。小猪民宿成立于2012年，经过几年的布局和发展，已经成长为一个成熟的短租平台。据小猪民宿官方数据显示：截至2021年6月，其房源覆盖全球超710座城市及目的地，房源总量超80万套，其中乡村民宿房源量达30万套。

小猪民宿采用租赁共享模式，有效盘活了闲置房源，通过一定的运营管理为用户提供更加舒适、价廉的住宿环境，为房主创造额外的收入，同时也为自己赚取更多的利润。

1. 玩法

第一步，房东认证。

具有闲置房源的房东，在小猪民宿上发布房源前，需要先登记身份证信息，并且需要做人脸识别，两者信息必须一致，否则无法通过验证。如果房东已经发布了房源，在24小时内要发布新房源或者修改房源信息，则不需要再次进行人脸验证。

此外，房东可以根据个人意愿进行实名认证。这一点小猪民宿平台没有硬性要求。

第二步，房源发布。

房东在小猪民宿APP上发布房源，操作流程是：我想成为房东–房源—发布房源—填写页面所需房源信息–点击发布–后台审核。后台会对房东方面进行上门"验真"服务。审核通过后，就可以在线上接待房客。

第三步，房源预订。

房客可以在小猪民宿APP上根据自己的需求，包括房屋的地理位置、房型、限住人数、房价，以及小区介绍、周边衣食住行、交通、安保设施等预订理想房源。

也可以选择喜欢的住宿类型：单间房、整套房、合租房等。如果是单间房或合租房出租，房客很可能会与房东或其他房客共住一起；如果是整套房出租，房客则独享整套房屋。

房客还可以有三种选择房间预订方式：

第一种，普通订房模式：提交订单–房东确认–支付房费；

第二种，快速订房模式：直接付款预订即可；

第三种，先住后付模式，房客如果满足先住后付条件，就可以使用该模式。住宿结束后，由支付宝自动扣款。

当房客在线咨询、提交订单、线上支付时，系统会自动发送消息给房东，提醒房东处理订单。

第四步，接待房客。

当订单进入"待入住"或"入住中"状态时，房东需要正常接待房客。首先是对房客的身份证进行验证，为房客办理入住。验证成功后，即可带领房客到其预订的房间，并为其提供像家一样的入住体验，房客甚至可以带着自己心爱的宠物入住。

第五步，房客退房。

房客正常入住结束后，退房时只要和房东交接好即可，系统会自动显示"已完成"。房源可以继续进入可预订状态。

小猪民宿的收益来源，主要有两个：

第一，房东服务费。房源上线产生订单后，小猪民宿会向房东收取每笔订单收益的10%作为服务费。如果是海外订单，则向房东收取订单收益的3%作为服务费。

第二，房客服务费。房客如果预订的是普通房源，就是免费预订；如果预订的是海外房源，就需要支付7%的服务费。

2．点评

小猪民宿的租赁共享模式，其实也是一种典型的O2O模式，通过线上支付线下体验住宿服务，通过专业的线上运营和线下服务团队共同努力打造的共赢盈利模式。其成功之处体现在以下几点。

（1）盘活闲置房源

现实中，很多房子因为闲置太久而破败不堪，失去了其应有的价值。小猪民宿可以说为房东和房客搭建了一个闲置资源实现供需匹配的平台，盘活闲置房源，有效保证房东闲置房源能够重新发光发热，重新体现其应有的价值。

（2）住宿服务更具人性化

小猪民宿的房东为房客提供的服务，无论是家一样的住宿体验，还是带宠物入住，体现的都是一种人性化服务。与传统的酒店住宿相比，这些非满足刚需的、更具想象力的住宿体验，是一种服务的创新。

（3）重塑人际社交圈，提升复购率

小猪民宿平台上，房客与房客、房客与房东有机会同住一室，这样就为房客与房客、房客与房东之间的交流，提供了更加便利的途径，重塑人际社交圈。另外，房东与房客在相互交流的过程中，也增进了彼此之间的感情和信任，从而大大提升复购率。

（4）构建庞大的民宿生态系统

小猪民宿平台，其实可以说是一个庞大的民宿生态系统，因为无论是房屋的地理位置、房型、限住人数、房价，还是小区介绍、周边衣食住行、交通、安保设施等，一应俱全，都能够找得到。这些精准的信息对于房客来讲，可以快速帮助他们找到自己的理想房间。

小猪民宿在国内的短租领域已经开始全面布局共享经济，并开始在共享经济下的短租领域按下了"跑马圈地"的加速键。事实证明，小猪民宿的租赁共享模式，是在线短租企业发展的必经之路。

神州租车：出行共享模式，创造经济利益

神州租车的出行共享模式受到很多人的热捧，对于那些无力买车一族来讲，自然是给生活带来了诸多的便利，不用花费大额资金，仅仅每天支付一定的小额租费，就可以租来使用。

神州租车从2007年正式开始运营，业务涵盖汽车租赁、二手车交易、融资租赁三大板块。从2018年开始正式涉足"共享汽车"业务。这也可以说，神州租车作为国内汽车租车龙头，凭借出行共享模式，在自己专业的出行领域中发挥了得天独厚的优势。

1. 玩法

神州租车的出行共享模式，适用于企业单位、没有足够经济实力购车的人群，以及那些有经济实力却摇不到车牌号的人群。具体玩法如下。

第一步，用户信息绑定。

用户在租车前，首先要绑定自己的信用卡、身份证、驾驶证，方便后续流程中使用。

第二步，预定租车服务。

在做好信息绑定工作之后，就可以进入预定租车阶段。

用户预定租车的渠道有四种：

第一种，官网预定，按照网页提示进行预定操作；

第二种，电话预定，用户可以拨打神州租车24小时客户服务中心电话，交由客服协助办理；

第三种，手机客户端预定，客户需要下载神州租车APP，根据首页提示进行预定；

第四种，门店预定，用户在神州租车的门店，其门店人员协助完成车辆预订。

用户租车，可以有日租、周租、月租、年租四种选择，不受公里限制，神州租车会为用户提供用车售后全方位保障。

此外，用户还需要支付相关租赁服务费。可以选择先付或后付两种方式。先付，是取车时提前支付订单的预计全款，在换车时多退少补；后付，是还车时按照实际金额结算。

第三步，提车。

用户可以选择神州租车上门送车服务，也可以选择在就近的预约门店取车。

第四步，刷脸开锁取车。

在取车时，用户先在神州租车APP上进行刷脸认证，车锁即开。具体是用户在点击"开锁"按钮后，用户只需要按照语音提示，完成"点头""转头""张嘴"等动作指令，就可以完成人脸识别。在系统确定是车辆预订本人时，车锁打开。

第五步，车辆情况审核。

接下来，用户对车辆情况进行核对。在确定车辆实际情况与系统记录相符时，验车成功。之后，还需要签署一份租车合同。这样就可以正常使用车辆，并正式开始计费。

第六步，用户用车。

用户使用神州租车的车辆时，是不需要承担油费的。通常用户在租用的时候油箱里是有油的。如果用户中途加了油，在还车时可以到租车门店做报销处理。

神州租车还专门为用户设置了共享车专用停车位，用户在用车中有停车需求时，这样的停车位可以专车专用。

第七步，还车，订单完成。

用户可以选择在提车门店还车，也可以选择在非提车门店还车。不同的是，在非提车门店还车后的24小时内，如果该车没有其他订单，则该车依然会产生费用。如果在提车门店还车，则不产生费用。

2. 鉴赏

神州租车的出行共享模式，其优势在于以下几个方面。

（1）资源合理利用，增加收益

神州租车本身就拥有大规模车辆以及停车取车网点。开辟分时租赁业务，其实是将自己原本闲置的资源重新加以利用。这样做并不需要额外增加车辆、场地、运营成本，相反会使得那些闲置车辆充分发挥其应有的价值，为神州租车带来更多的收益。

（2）良好服务体验，增加用户黏性

神州租车在很多方面都是站在用户的立场上，为用户的良好体验考虑。无论是上门送车服务，还是油箱储油、报销服务，还是专车专用停车位服务，服务细致、周到，能有效增加用户黏性。

（3）科技感十足，便于风控

神州租车的"刷脸"开锁服务，融入现代前沿科技——生物识别技术，给用户带来强烈的新鲜感和科技感。此外，这种生物识别技术的应用，也有利于风控。

（4）给用户更多选择的自由

神州租车并没有集权，而是在很多环节都把选择权交给用户，用户可以自由选择预定方式、自由选择还车网点等，这些服务更加灵活化、人性化。这也是神州租车吸引回头客的重要法宝。

神州租车的出行共享模式，为租车市场打开了新的格局，满足了消费者对汽车出行的需求。这些都足以说明，神州租车出行共享模式的成功。

百度文库：内容共享模式，实现知识共享变现

在共享模式当中，知识、资源、信息、内容也可以进行共享。生活中，人们总是喜欢与自己的亲人、朋友分享自己的喜悦与成功。但在陌生人中，却很少有人分享自己的知识和信息。

如果知识和信息能够实现共享，那么每个人所得到的知识和信息将实现几何级增长；如果每个企业能够分享自己的技术和经验，则会得到快速成长和进步。

百度文库，则是百度旗下的文档共享平台，是在信息共享需求下构建的内容共享平台，用户通过上传到百度文库中的内容，实现知识共享变现。

1. 玩法

第一步，用户注册。

用户首先需要在百度账户上，按提示输入相关信息，进行注册。

第二步，添加文档。

用户进入个人主页后，点击"上传文档"，添加想要上传的文档。

第三步，上传文档。

在上传文档之前，需要填写标题、分类，并设置文档收益类型，可以选择"共享文档（可获得积分）""付费文档（收益来自单篇文档收入）""VIP专享文档（收入升级）""优享文档（收益来自广告分成收入）"。如果选择的是"付费文档"，则需要填写售价、可试读页数等信息。最后确认上传。上传完毕后，等待系统审核。

第四步，用户分享。

如果有用户浏览到自己喜欢的文档内容，则可以在百度文库上免费阅读或者付费阅读，或者通过购买VIP获得专享阅读权从而实现文档内容的共享。

百度文库本身不上传内容，也不会对用户上传的文档内容进行修改或编辑。

2. 点评

百度文库好比是一个数字图书馆，内容共享模式为其带来以下几方面的优势。

（1）打破信息、知识的不对称性

每个人所掌握的信息是有所不同的，有的人在某些方面的信息欠缺，有的人却恰好在这些方面的信息十分充盈。百度文库通过将图像、图形、文字、音频、视频、电子报纸等数字技术生成的可辨识内容资源储备进行共享，打破了信息、知识的不对称性，让信息、知识的有无实现了互通、互补。

（2）提高了社会资源配置利用率

百度文库解决了闲置资源利用瓶颈的问题，同时也改变了知识产权劳动内容重复制作的问题，有效提高了社会资源配置利用率。

（3）多次分享，多次获益

通常，人们的一份付出只能为其带来一次收入。而百度文库上的用户在上传并共享文档内容之后，一次付出，可以被几千次、几万次，甚至更多次下载，可以获得持续不断的收益，实现真正的"躺赚"。这种模式可以吸引更多的用户拿出自己的内容放在平台上共享。

（4）多渠道赚取收益

无论上传文档用户，还是百度文档，两者赚取收益都具有多渠道的特点。二者实现互利共赢。

上传文档用户的收入来源于两部分，除了付费文档销售获得收入之外，积分文档广告分成收入也可以为其带来可观的收益。

百度文库则通过用户购买VIP、广告植入，以及向上传文档用户收取服务费等方式赚取收益。

（5）权威性增强用户信任度

百度文库是百度旗下产品，对于上传的内容审核非常严格，凡是审核成功通过的内容，都具有一定的权威性，可以有效增强用户的信任度。

百度文库利用上传付费文档项目，实现内容共享盈利。其商业模，尤其在这个知识付费的年代，显得更具优势。

达达快送：
劳务共享模式，实现人力资源合理配置

无论是本地生活服务的不断提升，还是"懒人经济"的进一步催熟，同城快递作为一种全新的业态出现在人们的生活当中，并极具市场潜力。

达达快送是我国当前最大的即时物流平台，其主要业务就是承接同城配送服务。目前，达达快送基于劳务共享模式，已经覆盖全国2500多个县区市，拥有几十万达达骑士，为中国众多有跑腿服务需求的用户提供"闪送"服务。

1. 玩法

达达快送APP有两个版本，一个是商家版，另一个是配送员版。

（1）商家版

商家版，是达达快送专门为商家开发的一款发单使用的APP。商家只要下载APP，并成功注册成为达达商家，在平台上有配送需求的时候，只需要填写一些简单的收货人信息，就可以一键发单，呼叫达达配送员前来商家店铺取货，完成向收货人地址的货物配送。实现一键发单的关键，就在于达达的智配系统。在商家一键开启配送服务之后，达达智配系统会根据商家所提供的产品，进行后台调度，瞬间计算出最合适的配送员进行订单分发。

（2）配送员版

配送员版，是达达快送专门为那些有空余时间做兼职的个人提供的一个赚钱机会。个人只要下载达达快送APP，并根据提示完成信息填写，注册成功后，就可以成为达达快送平台的配送员。配送员可以根据自己的空余时间和意愿，自由选择订单进行配送，换取一定的配送劳务费。

显然，配送员版是典型的劳务共享模式。

达达快送的配送员，可以配送的内容包括：

①文件急送，包括文件书本、合同发票、资料材料、证书报告等；

②生活急送，包括钥匙钱包、手机电脑、挂号取药、服装鞋帽等；

③排队代买，包括餐厅取号、鲜花蛋糕、咖啡奶茶、买菜买票等。

在收费问题上，达达快送会根据距离、重量、夜间加价的方式进行收费。

配送员专人直送，平均10分钟上门取件，在3公里以内实现1小时送达。达达智配系统，会根据配送路线为配送员进行合理规划，有效提升配送时效性。配送全程实时数据监控，下单用户可以通过系统实时掌握订单配送状态，查看履约情况等。

2. 点评

达达快送从本质上看，其实就是一个典型的"劳务商城"平台，其核心优势在于以下几方面。

（1）高效实现人力资源的合理配置

达达快送为广大有空余时间的人员，如各种退休人员、自由职业者等，提供了一条可以换取额外收入的经济通道。他们可以将自己的闲暇时间充分利用起来，提供的跑腿服务，恰好满足了那些没时间、懒得做的用户的需求，从而换来相应的经济回报，实现了人力资源的合理配置。

（2）专接专送，提升服务效率

专业快递服务，虽然也能做接单送件，但他们的服务是一对多，这种人力资源的配置方法，往往会在各大电商活动日期间由于订单量突然增大而显得捉襟见肘，进而会出现送件时间延误、快件丢失等情况。

达达快送则配送员正好有空闲时间或者是顺路，就可以专接专送。通过一对一的服务，将快件配送到收件人手中。这种方式毫无疑问比传统的快递要更加高效。

（3）智能系统助力服务专业化

达达快送的智能系统，借助职能派单算法能力，有效提升了订单分发速度，提升了配送员的专业配送能力。另外，订单实时数据监控，保证了配送服务的安全性。而这些，又进一步提升了达达快送的专业化形象。

在这个资源过剩的时代，善于发现和更好地利用闲置资源进行商业模式创新，是每一个当代企业应当思考和尝试的方向。达达快送在传统快递模式的基础上进行商业模式升级，将闲置的人力资源进行整合，寻找到了新的增长点，这也是达达快送的明智之举。

优客工场：办公共享模式，借空间共享创富

在国家提出"大众创业，万众创新"之后，各行业中小微企业迅速崛起。于是，对于办公空间的需求也随之猛增。

当时正逢共享经济热潮在全国范围内兴起之际，联合办公模式的出现，则为这些中小微企业成功解决了办公空间的需求问题。而在众多做联合办公生意的企业中，优客工场则大展拳脚，并在竞争中取胜。

优客工场创建于2015年，是一个创业联合办公社区及创业服务平台。在其创建之初，就凭借其优异的办公共享商业模式而吸引了包括红杉资本、真格基金等头部天使投资平台的融资。如今，优客工场已经成功上市。

办公共享模式，其实简单来讲，就是出租方提供办公空间，不同的承租方各自掏一部分租金，拼这个办公空间。这种模式与我们常说的"拼车"有着异曲同工之处。

优客工场是如何借助办公共享模式实现创富的呢？

1. 玩法

优客工场玩转办公共享模式，主要分为"两步走"。

第一步：半轻资产模式——租楼改造

优客工场实现办公共享模式的第一步，是租楼改造。简单来说，就是将办公楼租下来，然后进行改造或拆分，再将其出租出去，为租客提供相应的服务。

创建初期，优客工场将自身定位为一个打造基于共同价值观的线上线下功能相结合的资源平台。优客工场不但在为用户构建办公共享空间，更致力于为用户提供基于学习、合作、激发新思维的新生代工作场所。基于这一理念，优客工场作为同样采用办公共享模式的企业，在业务模式上做了创新，构建了"5L际"，中文的意思是"共享际"。

所谓"5L"，意为连接、居住、生活、愿景和自由（linked, liveable, lively, landscape and liberal）。而"际"则是营造更密切的社交氛围。

"5L际"整体的理解就是打造生活和工作相结合的新型社区。换句话说，就是将办公空间充分利用起来，不仅用于办公空间共享，还实现周围的人和公司时时刻刻发生互联。

随着"5L际"项目的推进，已经在北京多个区域落地，并建立了相关配套设施。用户借助优客工场的系统云端智能App，从订工位、订场地到交纳租金、水电费，从会员交流、门禁刷脸再到照明和灯光颜色控制、窗帘控制、无线网络等，全部实现了智能化。

第二步：轻资产模式——合作拓展

2019年，优客工场宣布自己的办公共享模式向轻资产方向做转型，其业务也在原来的基础上向管理输出、定制办公、运营托管这三方面拓展。

①管理输出

优客工场借助自身的品牌价值、平台资源，为入驻企业提供诸多管理服务，如招商服务、运营服务、IT服务等。

②定制办公

优客工场的全新业务还包括定制化办公，即为入驻企业提供选址、空间设计与装修、智能化硬件配置，以及成本控制、维护管理、运营方案设计等定制化服务。

③运营托管

运营托管也是优客工场转型后的全新业务，主要负责为楼宇方提供托管服务，包括装修、管理等。此外，入驻企业也可以享受优客工场所有的资源与服务。

2. 点评

优客工场将办公共享模式运用到了炉火纯青的地步，这一商业模式也为优客工场带来了一些竞争优势。

（1）为入驻企业构建利益共同体

联合办公，本身就是对办公空间的共享与公用。虽然表面上看，入驻企业之间的关系不大，但它们彼此之间是共同价值观体系下的利益共同体。尤其是共享际项目，使得每个入驻企业成了社群生态群众的一员。在这里，每个成员彼此互联，赋予了对方新的势能，也通过彼此的交流和传播，实现了低成本营销推广和品牌宣传。这些社群企业共同构建了互利共赢的局面。

（2）有效吸引无感用户

优客工场为入驻的企业创造了生存和发展空间，并为不同企业建立独特的有效连接，更是让固化的物理空间承载了更多的社交生活，使得冷冰冰的办公空间变得有了温度，变得独一无二。优客工场的这种独有的办公共享模式，不但给已经入驻的企业烙上了深刻的印记，也使得那些原本联合办公无感的用户产生了极大的入驻兴趣。

（3）企业异地办公统一化

优客工场的办公共享模式，在平台化基础上实现规模化、统一化。这样，尤其对于那些流动办公需求比较强的企业或部门，可以通过智能预定，随时更换办公地点，并且即便在异地也能享受统一化办公，无须花时间适应，不会影响办公效率。

（4）轻资产助力市场扩张

优客工场在借助办公共享模式发展的过程中，不断调整战略。从半轻资产模式向轻资产模式转型，一方面有效降低了优客工场的运营成本，另一方面用全新的业务板块服务于入驻企业，在入驻企业享受高质量服务的同时，也通过这些极具竞争优势的服务实现了自身的市场扩张。

（5）盘活城市存量资产

中小微企业有办公空间共享的需求，而城市中又有很多房地产资源处于闲置状态。这就是一种信息的不对称性。优客工场则盘活了城市中的存量资产，实现了资源的有效配置。对于入驻企业、楼宇方以及优客工场自身来说，三方受益。

在城市房屋闲置与大众创业发展进入新阶段的今天，优客工场的办公共享模式充分体现出了强有力的竞争优势，更为其自身创造出了更高水平的利润。从某种意义来说，优客工场当前的轻资产办公共享模式，是未来办公行业发展的必然趋势。

>> 从0到1学商业模式

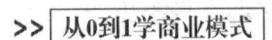

第八章 CHAPTER 08

金融杠杆模式：
借力众筹放大收益

借力发力，是让自己快速发展壮大的一个最具巧劲的方法。在商界，金融杠杆模式同样能起到四两拨千斤的作用，让一个企业通过别人的资源，撬动更大的资源，快速放大自己的收益。而众筹就是这个金融杠杆上不可或缺的核心支点。

水滴筹：捐赠众筹模式，以健康之名将爱传递

患了大病，资金问题是令无数家庭感到痛心的事情。水滴筹的问世，则实实在在帮重大疾病患者解决了资金筹集的问题。

水滴筹是国内基于社交的免费大病筹款平台，平台通过众筹的方式发起资金筹集活动，助陷入困境的大病患者向社会各界人士求助，将来自捐赠者的款项全数打款给求助人，更加高效地解决了大病患者的医疗资金问题。水滴筹凭借自己的捐赠众筹模式，做公益，将爱传递，可以说是一种特殊的网络慈善众筹平台。它帮助了很多大病患者，收获了广大民众的肯定和支持。

1. 玩法

第一步，发起筹款。

求助人需要在水滴筹APP或公众号中点击"发起筹款"，然后再根据相关引导填写相应的信息，包括目标金额、求助说明等。

求助说明中，需要详细提供发起人信息、患者信息、收款人信息、医疗证明材料、增信材料补充。还需要填写患者与发起者关系、发起人姓名身份证号、患者姓名身份证号，并上传医疗材料，诊断证明、病案首页、住院证明等，便于爱心人士更好地了解相关情况，予以施赠行为。除此之外，还需要提供当前患者的个人资产，包括房、车、社保、商保等相关证明，以便系统审核使用。

第二步，分享转发。

在成功提交并审核通过之后，求助人就可以将筹款信息转发给微信好友、QQ好友，或者转发到微信群、朋友圈、QQ群、百度贴吧、微博等当中，让更多的人捐献爱心，并帮助转发给更多的人。发起活动后，一般筹款时长为30天。

第三步，提取筹款。

在筹款期限结束后，不论是否筹到与其目标款项，筹款活动都会停止。求助人可以在"管理我的筹款"当中申请提现。审核通过后，系统会进入一个24小时公示期，在此期间求助人如果无异议，则可以在之后的1~2个工作日内，0手续费，收到全部捐赠款项。

水滴筹做的是慈善事业，但本质上不是慈善组织，而是企业。那么，水滴筹的这种出于公益慈善目的的无偿付出，却不向捐助人和求助人收取任何费用，那么它的盈利模式是什么呢？

其盈利途径有两个：

途径一：捐款30天内存储在水滴筹账户，这笔捐款则成了水滴筹的存款，水滴筹因此而获得了资金沉淀；

途径二：水滴筹与20多家保险公司合作，销售医疗险、重疾险、意外险等。水滴筹的微信公众号是水滴保险的入口。

2. 点评

水滴筹借助捐赠众筹模式，相比于传统捐赠模式，其关键优势值得我们去深入探究。

(1) 社交分享产生巨大流量

求助人可以在众多社交网络平台上分享求助内容，通过去中心化和自发裂变传播，给整个水滴筹平台带来了大量低成本流量。

(2) 用"传递爱"提升品牌形象

水滴筹所从事的事业，就是对传统筹募善款的重要补充方式。能伸出援助之手，帮助社会公众解决个人筹款难题，为慈善事业带来全新的发展和动力。此外，水滴筹的线上筹款方式，更加便捷高效，为广大爱心人士提供了行善渠道，也有利于线上追溯和监督。所有这些，都为水滴筹建立了良好的品牌形象。

(3) 全流程动态审核，提升信任度

水滴筹从求助人发起筹款申请开始，到筹款信息传播，再到款项提现，整个流程都采用动态审核方式。借助社交网络平台验证，借助第三方数据验证，采用大数据、舆情监控等技术手段对整个筹款环节进行层层验证。一方面，对审核流程做严格控制，保证求助申请真实有效；另一方面，构建起了信任闭环，提升了每一位参与者对水滴筹的信任度。

(4) 多渠道盈利提供发展原动力

任何一个企业生存和发展都是需要资金做后盾的。水滴筹的本质其实是企业，因此也绕不开盈利这个话题。水滴筹借助多渠道盈利，为自身的发展注入血液和动力，从而保证企业能够持续经营下去。

水滴筹借助向善之心，营造了良好的社会氛围，也通过公益性质的筹款给自身带来了流量，实现了商业转化。这正是水滴筹捐赠众筹模式的价值所在。

京东众筹：奖励众筹模式，投资金得产品

互联网的发展，使得传统众筹模式出现了颠覆性变革，也由此吸引了众多互联网众筹平台不断涌现。在各个平台当中，京东众筹表现出了极大的特色，发挥了巨大价值。

京东众筹，是京东金融九大业务板块之一，其商业模式是奖励众筹模式，也就是说生产者在研发产品或服务阶段发起众筹，吸引投资者为其筹集资金，而投资者则通过获得产品与服务作为回报。

三个爸爸儿童专用空气净化器，曾在京东上做众筹活动，刷新了中国众筹金额最高纪录，也成为京东众筹项目成功的典范。

三个爸爸儿童专用空气净化器采用3M公司发明的电荷驻极滤材，滤芯的厚度是其他同类产品的6倍，能够将出风口的空气PM2.5数值净化到零。此外，还能有效去除室内甲醛、甲苯等有害物质。整个产品

也是一款智能产品，操作过程可以通过APP实现客户端远程操控，实时查看家中的PM2.5数值。

当时，三个爸爸儿童专用空气净化器在京东众筹平台上线，仅开始半小时的时间，筹集的资金就已经达到了50万元，不到1小时，就超过了100万元。12小时内筹集的资金数额就超过了200万元。在线筹集资金活动结束后，三个爸爸儿童专用空气净化器，在京东众筹平台共筹集了1100多万。在众筹活动结束后，三个爸爸儿童专用空气净化器则履行承诺，向每个参与众筹的人寄出该产品。

可以说，京东众筹是为梦想而生的。为很多有梦想的人提供了实现梦想的机会，让很多美好的构想和产品设计变为现实。

1. 玩法

第一步，发起众筹。

发起者首先要注册京东账号。注册成功后，就可以到京东金融点击"众筹板块"发起众筹。然后填写项目主题，包含项目产品名称、类别、筹资金额、天数、回报设置等，然后将发起申请提交给京东。

第二步，联系项目经理。

发起众筹申请成功通过后，就需要联系京东项目经理，按照要求，将产品或样品邮寄给项目经理。

第三步，资质认证。

在产品得到项目经理认可后，发起者需要根据提示填写相关信息，并上传营业执照、开户行许可证以及法人身份证正反面。此外，还需按提示填写企业相关信息以及产品质检、专利、授权等以便系统审核。

第四步，预热上线。

在审核通过之后，就需要联系项目经理确定众筹上线日期。然后正式进入众筹阶段。

第五步，结束兑现承诺。

在众筹活动结束后，发起者应当兑现自己的承诺，将作为回报或奖励的产品邮寄给本次众筹活动的出资支持者。

京东众筹的盈利模式，则是通过收取筹资额度一定的百分比作为佣金。

2．点评

京东众筹之所以受到有梦想的创业者和出资支持者的青睐，有以下几个方面的原因。

（1）接入众筹，构建生态圈

京东众筹与那些纯粹的众筹平台的根本性质不同，纯粹的众筹平台就是单纯地为了做众筹，而京东众筹则不同。它是借助做众筹这种方式，将更多的流量和盈利引入京东生态圈。换句话说，就是为了让整个京东生态圈获得更多的增值商机。

（2）助力孵化创新团队，实现自身增利创收

很多有创意的个人或创业团队，他们往往在创业初期，有好的产品构想，却因为缺乏资金支持而无法实现。京东众筹扶持这些创业者，帮助他们筹集资金，孵化特色项目，吸引更多的个人或创业团队在京东平台上发起众筹，为京东创利。

（3）提升品牌美誉度

京东众筹对于发起众筹项目的审核与评估非常严格，那些项目竞争力不足，不能满足用户需求，没有让人眼前一亮的产品卖点，各项资质做得再齐全，产品做得再精美，也都无济于事，难以通过审核。

京东严苛的审核、评估制度，有效保证了众筹项目产品的高品质、独一无二的卖点，由此在广泛吸引投资人参与的同时，更有效提升了京东自身的美誉度。

京东众筹，以"奖励"吸引人们参与出资，更是用"众筹"诠释了"众人拾柴火焰高"的意义，不但意味着雪中送炭，更是为自身引流和盈利构建了重要途径。这正是京东金融开辟众筹板块的高明之处。

天使汇：股权众筹模式，向企业分红获取利润

股权众筹是时下国内最为时髦的众筹模式之一。股权众筹，实际上是指企业面向普通投资者出让一部分股份，投资者对项目或公司进行投资，获得一定比例的股权，赚取未来收益。

天使汇是我国起步最早、规模最大的股权众筹平台，可以说是股权众筹领域的领头羊，能有效解决中小微企业融资难的问题，让投资和融资实现无缝对接。

滴滴打车在发展初期，也面临过资金难题，通过天使汇的帮助，成功获得1500万元融资。

专注于美食菜谱、家庭烹饪、健康生活方式的美食平台——下厨房，其日活跃用户超过数十万，有很多投资人主动找上门，希望获得投资机会。但下厨房也曾经在创业苦熬时期，面临资金断

裂，通过天使汇获得了融资，才力挽狂澜。

1. 玩法

第一步，注册与认证。

首先，用户需要通过天使汇官网进行注册，并按要求提交相关资料，申请成为融资者。然后就需要静待系统审核，完成实名认证。

第二步，发起融资。

在系统审核通过之后，融资者就可以发起融资申请，并提交相关项目资料，再次等待系统审核。

第三步，项目发布。

审核通过后，该项目就会成功进入项目库，并在网站上正式发布。通过社交分享方式，让更多的人参与投资和转发。

第四步，正式融资。

在正式进入融资阶段后，天使汇会定期组织各种线上、线下活动，为投融资双方提供互动和交流的机会，促进项目快速成功。在双方约谈达成一致意见后，就进入双方签订投资协议环节。

第五步，完成投资。

融资项目开启后，可以持续募集6个月。如果募集期限已到，却没有成功完成融资，则可以延期6个月。如果延期结束仍未完成融资目标，则融资项目会被撤下。如果募集资金目标完成，那么签订协议的投资者将投资资金转入到项目公司的账户当中。此时，融资活动正式宣告完成。

天使汇在融资成功之后，向融资方收取一定的服务费，作为其盈利方式。

2. 点评

天使汇的股权众筹模式，其优势在于以下几点。

（1）成全别人也是在成就自己

很多初创企业普遍缺乏融资经验，一旦操作不当，就可能因此而与投资失之交臂，甚至耽误自身发展。天使汇帮助靠谱的项目快速找到靠谱的钱，且成功率高。天使汇在成全别人的同时，也是在成就自己的美名。

（2）股权"团购"，激活沉睡的"天使"

天使汇的股权众筹模式，其实可以看作是一种股权"团购"模式。初创公司出让股权，以此换来自身发展所需的资金支持，同时也激活了那些普通投资人的积极性，可以通过做天使投资获得小额股份，享受应有的收益。

（3）社交分享提升融资速度，提升知名度

天使汇作为线上平台，通过社交分享的方式吸引投资人投资，一方面有效提升融资速度；另一方面也为天使汇本身做了免费宣传，提升了天使汇在商界的知名度。

天使汇借助股权众筹，为那些优质初创项目提供了一个绝好的融资机会，也给广大普通民众一个做"天使"，享股权分利的机会，让融资方和投资方与自身三方受益。对于实现多方共赢也是绝好的商业模式。

3W咖啡：会籍式众筹模式，创意分享合作交流

在咖啡领域，知名的咖啡品牌，除了星巴克，就是我国创建的3W咖啡。3W咖啡的定位是：咖啡馆+招聘平台+孵化器，借助这一定位掘金互联网。

3W咖啡看似是一家咖啡店，但本质上是由我国互联网领域知名的企业家、创业家、投资人共同发起的，获得百名互联网资深人士响应和支持而构建的互联网主题馆。与其说是一家咖啡店，不如说是一家公司化运营的组织、一个完善的创业服务生态圈，为广大的互联网人士提供了一个开放、专业、休闲的交流和沟通场所。在这里，大家可以畅所欲言，在享受人性化咖啡、美食的同时，增进业界知识分享，促进行业快速发展。

如今，已经有众多咖啡店开始模仿3W咖啡的商业模式。3W咖啡的商业模式已经成了众多咖啡店学习的典范。

3W咖啡的成功与成名，得益于其特有的商业模式——会籍式众筹模式。

1. 玩法

3W咖啡面向社会公众募集资金，每人10股，每股6000元，相当于一个人6万元的股权。

当然，这并不意味着，一个人有6万元的股权，就可以成为3W咖啡的股东，能够参与投资。成为3W咖啡的股东是有一定条件和门槛限制的。想要真正成为3W咖啡的股东，首先必须是互联网创业和投资圈子里的人，保证能够为3W咖啡带来更多的人脉和价值回报。

3W咖啡在当时就汇聚了众多大咖级别的人物，组成了一个非常豪华的投资阵容，除了京东商城以外，还有乐蜂网创始人、知名主持人李静，红杉资本中国基金创始及执行合伙人沈南鹏，新东方联合创始人、真格基金创始人徐小平，德迅投资创始人、腾讯创始人之一曾李青、高德软件副总裁郄建军。这些投资人为3W咖啡的进一步发展提供了很好的契机。

2. 点评

3W咖啡的会籍式众筹模式，有其自身的一些优势。

（1）低投入，吸引投资者积极参与

3W咖啡提出的参与众筹的第一个条件，就是要求每一个投资者拿出6000元。6000元就能入股，投资资金并不算多，却能换来超乎想象的收益。低投入，高回报，自然能吸引投资者积极参与。

（2）高门槛，促进知识分享和思想碰撞

3W咖啡设置的入股低投资和高门槛，一方面，对于那些具备条件的股东来讲，他们只要花6万元，就可以结识大批同样优秀的创业者和投资人，而且还可以通过相互交流学到很多东西，无疑是一件非常划算的事情。另一方面，能够吸引更多优秀的人加入，使得大家在交流的过程中，更好地促进知识分享、思想碰撞。

（3）高阶人士背书，打造良好口碑

凡是有资格参与众筹的人，都是业界的高阶人士、优秀人士，他们人脉广、有强影响力，具备强话语权，在大众当中有极好的口碑。有了这些人士的背书，3W咖啡也能够"背靠大树好乘凉"。

3W咖啡将会籍式众筹模式的价值发挥到了极致，这也是3W咖啡取得成功的根本原因。众筹参与者的层次，决定了咖啡馆的发展方向和前途。3W咖啡很好地挖掘并打通了人脉资源，这是其自身能够获得良性发展的关键。

第九章 CHAPTER 09

投行模式：
实现资源有效整合与调配

做企业、做生意就是要以最小的投入，换取增值最大化。投行模式就是要将银行的价值通过资本放大，然后在未来实现变现。投行模式在企业经营和发展过程中同样适用，可以实现资源的有效整合与调配，从而有效放大自身能力，获得更好的发展。

苹果：OEM模式，有效弥补自身短板

苹果公司的产品在全球市场中很受欢迎。尽管其相对市场中的同类型产品其价格偏高，但却能够以高品质、高性能吸引一大批粉丝。

苹果的成功，不但是因为其外形美观，系统安全流畅，更得益于其独有的生产模式。苹果公司的产品基本上都不是自己生产的，而是代工厂生产的。这就是苹果公司的OEM模式。

OEM模式，即original equipment manufacturing，意为"原始设备制造业"，即自己提供设计生产流程，掌握核心技术，将生产任务交给厂商去做。这也就是我们常说的"代工生产"。

1. 玩法

我们先看一下苹果公司的产品生产流程。

第一阶段，产品研发。

苹果公司的每件产品，其设计都凭借设计师们的意愿和思路进行。公司在决定启动某个新产品项目时，就会专门成立一个产品研发项目团队，大家被封闭起来，专心进行产品研究。

第二阶段，产品审核。

在产品成功研发之后，苹果公司对研发出来的产品进行审核，并保证所有项目在进行关键决策时，必须在两周时间内完成。

第三阶段，产品生产。

苹果公司会将产品生产采用OEM模式，即生产任务交给代工厂来完成。苹果公司会派一名项目经理和一名全球供应链经理，负责生产流程的监督。

第四阶段，产品迭代。

在一批产品完工之后，苹果公司的设计师会对产品进行改良，进入下一个苹果产品的研发当中，如此循环下去。

众所周知，自从iPhone第一代手机诞生之后，制造生产一直都交给以富士康为主，和硕、纬创、立讯为辅的代工厂来完成。

富士康为苹果的第一大代工厂，主要负责苹果的来料加工装配、生产工艺流程研发与手机组装任务。

和硕为苹果的第二大代工厂，专门负责帮助苹果组装iPhone和iPad。

纬创为苹果的第三大代工厂，负责苹果产品的组装工作。

立讯精密是苹果公司供应链中最重要的参与者，目前是苹果AirPods的主力供应商，为苹果提供连接器、声学震动马达等零部件，并且还为苹果的Apple Watch提供代工服务。

2. 点评

苹果为什么自己不去生产产品，而是让其他代工厂去完成这项工作呢？

（1）降低成本

在整个产业链当中，生产环节需要投入大量成本，如机器设备购买费用、生产场地租赁费用、水电费、人工费、仓储租赁费用等，这些都是巨大的开支，苹果公司将这些工作交给代工厂来完成，显然为自身节省了很多成本。

（2）提升产品工艺

正所谓："专业的人，做专业的事。"苹果公司虽然擅长工艺设计和品牌运营，但对于产品生产却很不擅长。富士康是全球最大的电子产品生产商，无论其生产技术，还是员工的工作熟练程度、经验丰富程度，还是设备的先进程度，都是一流的。苹果公司本身对产品追求高标准，将生产交给富士康去做，是最好的选择，能使产品达到出色的品质。

（3）实现产品的持续创新

苹果公司本身的优势在于产品的研发与设计，将产品生产交给更加擅长的公司去做，弥补了苹果公司的短板。此外，除了可以降低成本、提升产品工艺之外，还可以将节省下来的时间和精力，用于其他方面的研发，实现产品的持续创新。

（4）有效监测市场

苹果公司采用OEM模式，也可以用于监测产品进入市场的情况。苹果公司在把产品推向市场后，就可以通过市场的反应，做出快速决策。如果市场反应良好，就可以持续推出自己的产品，甚至做产品的迭代与更新；如果市场反应平淡，苹果公司可以快速终止该产品项目的OEM模式合作，重新打造全新产品，寻求新出路。

苹果公司自身掌握产品核心技术，根据自身生产动向，向代工厂提出产品制造要求，这使得苹果公司的产品研发与制造优势，共同构成了其产品的整体竞争优势。

网易严选：ODM模式，优化供应链各环节

网易严选是网易旗下一款覆盖居家生活、服饰鞋包、个护清洁、母婴亲子、运动户外、严选全球等一共八大品类的生活方式品牌。其理念是"以严谨的态度，为中国消费者甄选天下好物"。

网易严选自2016年上线以来，成功入选"2019十大热搜电商平台"，荣获2021年新消费品牌力榜单"美好居住家品牌力"奖等。为何能在短时间内迅速崛起呢？是如何发展起来的呢？答案就在于其特有的ODM模式。

ODM模式，即Original Design Manufacturer，意为"原始设计制造商"，是指某制造商设计出某个产品后，很可能会被另外一些企业看中，然后要求制造商配上这些企业的品牌名称进行生产，有时会要求工厂对商品进行部分微调。其中，承接产品制造的厂商，被称为ODM厂商。其生产出来的产品，被称为ODM产品。

简单来说，OEM模式是由品牌方提供产品设计，ODM模式是由生产商自主进行产品设计。

1. 玩法

网易严选是国内首家基于ODM模式的电商平台，并且负责所有产品的采购、品控、物流、销售、售后等一整套流程服务。所以，网易严选的ODM模式具体来看，就是制造商—严选平台—消费者。

首先，网易严选在与品牌、商家合作的过程中，参与产品的功能、外形、体验等全方位的设计和定制。

其次，为消费者提供与一线品牌相同品质和设计的产品。

最后，砍掉了品牌溢价和中间商差价，直接对接消费者，有效保证了价格优势。

以网易严选所销售的母婴产品为例。首先，网易严选会从供应商那里获取当季还未被品牌商买断的样品，让团队进行试用。然后将反馈意见提交给制造商，制造商再根据试穿意见作出部分调整。在调整合格后，该产品就可以进行生产，并在网易严选平台上售卖。

2. 点评

网易严选的这种独有模式，其成功之处在于以下几个方面。

（1）有效保证产品品质

线上购物可以随时随地买到自己需要的产品，对于消费者而言，省去了去商超购物的时间。但对于产品的品质却无从得知。买到好的产品，自然心情愉悦；买到差的产品，就会带来差的消费体验。

淘宝、京东平台上的商品多且杂，商品品质无法得到保证，导致用户很难买到自己所期望品质的商品。网易严选则通过ODM模式，有效避开了淘宝和京东经营模式的弊端，保证了平台销售产品的品质，极大地提高了消费者的购买欲望，以及复购率。这也是越来越多人使用网易严选的原因。

（2）让消费者没有后顾之忧

消费者在线购买商品，除了产品品质与价格之外，最担心的就是售后服务问题。毕竟网上交易与线下交易不同，消费者对品牌和商家的信任度有限。这就需要一个权威机构出面全权负责仲裁和信任背书。

网易严选上所有的商品都是经过自己设计和精挑细选的产品，极大地减少消费者在消费过程中遇到问题找不到地方维权的顾虑。

（3）灵活感知市场，提升运作效率

网易严选背靠网易这棵"大树"，可以充分借助网易的大数据优势，提升自身业务更迭速度，并能灵活感知市场变化情况。此外，网易大数据还对网易严选的产品设计、产品理念的构成起到一定的帮助作用，使得网易严选能够更好地把控与制造业合作的每一个环节，所以网易严选才能形成独有的品牌风格，进一步提升整个供应链的运作效率。

（4）为供货商解决快速建立品牌、打开销路问题

消费者往往喜欢选择自己听说过的、知名品牌的产品，认为这样的产品品质有保证。很多中小供货商虽然品质不错，但酒香也怕巷子深，一时间难以在市场中打出品牌，更难以快速打开销路。网易严选与之合作，相当于免费为其快速建立品牌，打开销路。

网易严选没有走传统电商巨头的老路，而是另辟蹊径，选择了ODM模式，走出了属于自己的一条路。也正是因此赢得了广大消费者的青睐，迎来了发展新机遇。

华硕：OBM模式，打造自有品牌翻身做主

谈及研发和制造，除了OEM模式、ODM模式，还有OBM模式。华硕作为全都第一大主板生产商、全球第三大显卡生产商、全球领先的3C解决方案供应商，采取的商业模式，就是OBM模式。

OBM模式，即Original Brand Manufacture，意为"原始品牌制造商"，是指代工厂经营自有品牌，或者可以理解为生产商自行创立产品品牌，并实现生产、销售一体化。

虽然OBM模式与OEM模式、ODM模式相比，需要构建完善的销售渠道费用很大，也需要花费很多精力去经营，但却能使代工厂打造自有品牌翻身做主，因此也有不少代工厂会采用OBM模式，将自己做强做大。

1. 玩法

华硕自成立开始，就一直坚持品牌与代工厂（OEM模式）两条腿走路的发展战略。随着华硕的不断成长和进步，华硕不得不面临自有品牌的壮大造成代工业务缩减的局面。

由于华硕的产品线非常长，涵盖了手机、主板、显卡、笔记本电脑等诸多方面，这样导致两种情况：

第一，产品线过长，使得华硕尾大不掉；第二，几乎所有的自有产品都与代工企业生产的产品有冲突。

所以，华硕将自有产品建设与代工厂分开。但华硕的"分家"策略是，进一步扩大"分家"计划，将手机、游戏机、笔记本电脑、显卡、主板等代工业务，全部交给新成立的两家公司——"和硕""永硕"来打理；原有的品牌产品部分则留下来自己经营。由此，华硕从最初的OEM模式，转型为OBM模式。

2. 点评

华硕的生存和发展的过程，是一个由OEM模式向OBM模式转型的过程。那么OBM模式究竟能给华硕带来什么样的竞争优势呢？

（1）解决发展困境

对于华硕而言，其代工客户同时也是品牌的竞争者，所以代工客户也是华硕自有品牌业务的最大排挤对象。在鱼与熊掌不可兼得的困境下，华硕将自己的事业体进行切割，将代工业务交给新公司来完成，自己则独立做品牌业务，使得品牌与代工两者之间不会再有利益冲突。

（2）自有产品获得更好的资源配置

华硕从OEM模式向OBM模式的转变，使得华硕能够将全部精力用于推出自有品牌产品。此外，华硕从产品设计、研发、策划、生产、销售等各个环节都靠自身完成，而不是假手于人，将对原材料与产品生产进行对接与整合，有效实现了供应链的资源配置。

(3) 产品直面消费者，拉近用户距离

在华硕全面转向OBM模式的时候，也就意味着华硕的品牌产品能够直面消费者，为消费者提供更好的产品、更好的服务。这些让消费者对华硕获得认同感，拉近了消费者与品牌之间的距离。

(4) 有机会在市场环境中占主导地位

作为代工厂，永远处于产业链的下游，在市场中很难有话语权，更难以形成自己的市场地位。但建立自有品牌之后，一切则大不相同。无论是产品生产，还是经营理念，都发生了巨大的转变，更重要的是，构建自有品牌，主导权和话语权都掌握在自己手中，有利于自身在激烈的市场环境中占据主导地位。

OBM模式的出现，源于产业需求的变化，也是很多代工厂的一种发展机遇。事实证明，越来越多像华硕这样的品牌，其成功崛起，离不开OBM模式。

>> 从0到1学商业模式

第十章 CHAPTER 10

一切好的模式都值得学习

随着市场经济的不断发展和推进，越来越多的优秀企业崭露头角，并快速在市场中占领一席之地。他们的成功，也源自各自的商业模式创新。无论何种商业模式，但凡是好的模式，都值得我们学习和借鉴。

星巴克：外带模式，有效提升时间和坪效效率

星巴克是全球首屈一指的专业咖啡零售商。创建至今，星巴克在全球的咖啡零售领域不断扩张，截至2021年底，星巴克在全球的门店数量超过3.3万家，仅在中国的门店数量已经超过5000家。

它一直在发展中不断调整自身的发展模式，以更好地适应时代的发展和变化。早期，星巴克像绝大多数传统餐饮店一样，顾客进店消费，并完成喝咖啡体验。但随着互联网、移动互联网在各个领域的全面渗透，星巴克也开始探索商业模式的创新。于是，外带模式诞生。

1. 玩法

星巴克的外带模式，主要服务于用手机下单的用户，其流程如下。

（1）到店自取

星巴克推出了"咖快"服务，是专门开辟的到店自取板块。用户

可以在星巴克APP、公众号、小程序上的"咖快"服务板块搜索就近的提货门店，然后自助点餐结算，并到门店自提。在到店自提环节，用户需要向门店提供取单口令，才能完成取单。

（2）外卖服务

星巴克的外卖服务，分为两大渠道。

①与其他平台合作

星巴克为了拥抱互联网和数字化，与阿里巴巴旗下的饿了么、支付宝、口碑，以及盒马鲜生等合作，推出外卖服务。

用户在合作平台上的星巴克店铺下单支付后，就会由骑士把星巴克咖啡送货上门。

饿了么还专门为星巴克推出了专属配送。除此之外，饿了么还特意耗费一年时间，为星巴克研发出了一款新的配送箱，以保证配送的咖啡可以在6小时内保持5℃的低温，确保咖啡的味道与门店相同。

②星巴克APP、公众号、小程序

星巴克除了与其他平台合作外卖服务渠道之外，还有自有平台的外卖服务，包括星巴克APP、公众号、小程序。

用户通过星巴克的APP、公众号、小程序上的"专星送"外卖服务板块，可以自助下单支付，由骑士为用户提供送货上门服务。

2. 点评

星巴克开启外带模式，背后隐藏着大谋略，主要体现在以下几个方面。

（1）有效提升坪效和时间效率

餐饮商业模式的核心就是如何提升时间效率和坪效效率，实现盈利增长。

时间效率，即一定时间内的盈利效率。很多时候，顾客进店消费，尤其是周末顾客较多的时候，排队就餐是一种常见的现象。显然，在一定的时间内，排队降低了就餐效率，影响了门店营收。另外，绝大多数餐饮店周五晚上和周末生意较多，平时前来就餐的人较少。以一周作为一个时间段来看，在这种情况下，餐饮店的时间效率并不高。

坪效效率，即以最小租赁面积，实现营收的最大化。

举个简单的例子。一家店铺，同样每月20万元的营收，30平方米的店铺获得的这20万元营收，其效率要远高于100平方米店铺的营收。

绝大多数餐饮店，店铺都是租来的。像星巴克这样的门店，租赁面积通常不小。如果只提供堂食服务，显然无论时间效率和坪效效率都很低，久而久之就会入不敷出。

但如果星巴克除了可以堂食之外，还提供外带服务。这样，像周一至周五白天这些顾客堂食较少的时间段，提供外卖或到店自提服务，那么星巴克绝大多数时间段都有生意可做，能够大幅提升店铺的时间效率和坪效效率。

（2）多渠道上线，提升顾客体验

星巴克通过多渠道上线外带服务，进一步丰富了线上点单功能，用户可以根据自己的需求，自由选择配送上门或者到店自提。星巴克的多渠道外带服务，为顾客带来了更加完善的、人性化服务，优化了顾客体验。

（3）线上线下融合，实现全面引流变现

星巴克的外带模式，打通了线上渠道，实现了线上与线下的深度融合。这样，星巴克依靠线上线下两条腿走路，可以为自己引入更多的流量，带来更大的销量。

（4）创意取单，与顾客建立情感连接

用户在线下单到门店自提时，需要提供取单口令。这些口令通常充满创意，尤其到了一些节日或纪念日，一句十分应景的口令，能给顾客带来好心情，更能基于这一情感连接，建立良好的客户关系。

星巴克的外带模式，为自身构建了线上线下相融合的局面。从多维度入手，为顾客提供更便捷、更随心、更顺畅的点单服务，有效提升了顾客体验，进一步扩大了市场占有率。这便是星巴克外带模式成功的秘诀所在。

海底捞：差异化服务模式，全方位攻心

提及餐饮界的火锅店，相信人们脑海中第一个想到的就是海底捞。海底捞是我国本土崛起的一家火锅连锁品牌，历经二十年的发展，已经从一个不知名的小火锅店，发展成为业界知名品牌，并成功上市。

海底捞为什么能够如此深入人心？为什么能取得这样的成就？除了其口味深得人心之外，重点在于其温暖人心的差异化服务模式。

1. 玩法

（1）就餐前

很多餐饮店，尤其在饭点，由于进店就餐人员数量激增，会出现排队现象。顾客需要花很长时间，排很长的队，等待就餐。

海底捞专门设有等候区，拿到号的顾客可以在这里休息，并通过大屏幕上的信息得知在自己之前排队顾客的数量。同时，排号的顾客还可以悠闲地享受海底捞提供的免费水果、免费饮料，享受店内提供的免费上网、免费擦皮鞋、免费美甲等服务。

（2）就餐时

顾客在就餐时，海底捞的服务员会站在顾客餐桌旁边，随时为顾客提供服务。如果有顾客带着孩子，服务员还会帮忙照看孩子。

如果顾客是单独就餐，海底捞的服务员就会为这位顾客拿来一只毛茸茸的大熊放在顾客对面，陪伴顾客用餐。

女性顾客在就餐时，会因为长发而影响就餐。服务员就会为其提供小发夹、小皮筋等，防止顾客就餐时头发垂到食物里。

海底捞的服务员还会帮顾客放在桌子上的手机套一个塑料袋，防止油污溅到手机。

如果有顾客过生日，服务员就会其端上长寿面。还会举着生日灯牌，为顾客唱欢快的生日歌，并送上生日祝福。最后还会送上一份小礼物。

（3）就餐后

顾客就餐结束后，服务员会马上送上口香糖。在顾客离店时，一路上所有服务员都会向顾客微笑道别。除此以外，服务员还可以帮顾客打车、提车。

（4）服务升级

近期，海底捞推出了智慧餐厅，并对服务进行全面升级，体现在以下几方面：

①增添预约服务

顾客除了门店排号，还可以提前预约。预约方式有两种，一种是电话预约，一种是网上预约。

②等位区增添游戏服务

等位区整体是黑色与电光蓝搭配，十分酷炫，巨型投影屏以及座位排列方式更是给人一种剧院的效果。顾客在这里除了可以享受免费的小吃小饮、擦鞋和美甲服务，还可以下载海底捞APP，然后扫描投影屏上的二维码，就可以一起玩游戏。屏幕的右下方会实时进行排号信息提示，并展示部分后厨的工作状态。

③增加机器人送餐服务

海底捞推出了智慧餐厅最大的亮点，在于增加了机器人送餐服务。餐厅里的送菜服务全部交给机器人来完成。

2. 点评

海底捞的差异化服务模式，与传统餐饮店相比，其优势在于以下几点。

（1）餐前服务挽留顾客

排队等候，本身是一件枯燥而乏味的事情，人们内心对美食的渴望，往往被无休止的排队消磨殆尽。海底捞则不走寻常路，通过各种小吃小饮、小型服务帮助每位等待就餐的顾客打发时间，让他们的等待时间充满欢乐，让他们感觉自己受到了尊重，让他们感觉享受这些餐外服务是占了便宜。这些更加贴合人心和人性的服务，同时也为海底捞很好地挽留了顾客，避免了顾客因为无聊的等待而离开。

（2）餐时服务温暖顾客

顾客在用餐时，服务员尽可能地提供一切可以想得到、做得到的服务，每一次服务都细心体贴，让顾客仿佛受到了家人般的照顾，暖到了心坎里。甚至会因为这样的服务而感动不已。这些独有的增值服务，是绝大多数餐饮店所没有的。

（3）餐后服务沉淀顾客

即便顾客离店，服务员依旧提供热情的服务，送上道别的微笑，进一步加深服务印象。顾客即便离店，也会将服务员的优质服务牢牢记在心里，期待下一次的到店就餐体验。顾客还会主动推荐自己的亲朋好友到海底捞就餐，体验优质服务。这样的餐后服务，起到了很好的沉淀顾客以及客户裂变的作用，更能延长客户关系生命周期，有效提高海底捞的收益。

（4）服务升级提升效率

智慧餐厅的推出，尤其传统服务向智慧服务的升级，在黑科技的介入后，给顾客带来了新奇感，缩短了上菜时间，给顾客带来良好的就餐体验。对于海底捞自身而言，更是有效降低了人工成本、运营成本、能耗成本。

海底捞差异化服务模式所产生的引流和变现效果是显而易见的。海底捞借助其差异化服务，无论餐前、餐中、餐后，为顾客提供的服务都充分体现出了人性化特点。这些服务都是站在顾客的立场上，想顾客之所想，急顾客之所急，可以让前来海底捞就餐的每位顾客真正感受到"顾客是上帝"的服务体验。前来就餐的顾客，还能够给海底捞带来聚客效应，使得海底捞在众多顾客和媒体的追捧和宣传下，获得更多的流量和销量。

达美乐比萨：超时免费送模式，做足长线生意

达美乐比萨是一家国际比萨饼外送餐厅连锁店，创立于1960年，发展至今，历经60年，已经成长为比萨行业的佼佼者。达美乐比萨的外送服务模式与同行业其他竞争者有所不同。其商业模式是一种超时免费送模式。

1. 玩法

达美乐比萨的超时免费送模式，玩法其实很简单，就是顾客在订购比萨之后，如果比萨店不能在30分钟内送到，就会把比萨免费送给顾客。

为了能吃到免费的比萨，很多消费者会故意选择饭点用餐高峰期、上下班高峰期、雨雪天路面湿滑的时候下单预定。认为这样达美乐比萨就无法在预定的30分钟内送达。达美乐比萨也自然预想到了顾

客的想法，所以将店铺开在市中心，或者社区中，然后用电动车送比萨，以此保证用最低的成本和最快的速度，将自己做强做大。事实证明，达美乐比萨成功了。

2. 点评

达美乐比萨的这种超时免费送模式，其优势在于以下几个方面。

（1）新价值主张赢得市场

对于绝大多数外卖平台，他们在竞争对手提出任何价值主张的时候，会沿袭竞争对手的玩法。比如，竞争对手买一送一，他们也会买一送一，毫无新意，这样也很难有赢得竞争对手的机会，更会让自己的生意做得越来越累。

达美乐比萨不按照传统游戏规则去玩，而是制定自己的商业模式和游戏规则，提出了新价值主张，通过超时免费送模式来碾压传统竞争对手。而且在明确了自己的配送比竞争对手更快的价值主张之后，使得那些想在短时间内吃上比萨的人，主动预定比萨。达美乐比萨因此牢牢抓住了机会，赢得了市场。

（2）超时免费送加深品牌认可

达美乐比萨承诺30分钟内送达，超时免费送，也严格履行自己的承诺。这样，顾客即便没有按时吃上自己想要的比萨，但也免费获得了这块比萨，并没有吃亏，反而还占了便宜，因此更让他们加深了对达美乐比萨的品牌认可，提升了对达美乐比萨的美好印象。

（3）做长线生意

很多企业做生意，往往追求利润增长的同时，忽视了长期市场的发展。达美乐比萨，正是用这种超时免费送模式，将外卖生意做成了长期生意，即便超时，也不会给消费者带来任何经济损失，也会将消费者的坏心情转化为好心情，甚至他们为了免费而希望超时。无论超时与否，达美乐比萨都能将自己的生意长期做下去，实现持续盈利。

达美乐比萨的这种超时免费送模式，给了广大消费者一个选择自己而不选择别人的充分理由，而不是一味地盲目跟随，受控于别人的游戏规则。显然，达美乐比萨创建的这一商业模式是极其聪明的。

亚马逊：长尾模式，为小众产品重塑市场

亚马逊是一家亿万市值的电子商务公司，是全球电子商务的成功代表。很多人会将亚马逊的成功归因于其"线上成本低"，但这并不是其成功的本质。其根本在于亚马逊的长尾模式。

什么是"长尾模式"？在解释"长尾模式"之前，我们不得不提到商业领域的"二八定律"。它是指80%的利润来源于20%的客户。事实上，这一定律可以进行放大，放到大众市场中，这一规则同样适用。比如在图书领域，"二八定律"就是指80%的销售额来源于20%的图书。

事实上，根据开卷数据监控系统提供的数据显示："1%的头部图书贡献了约60%的销售额，剩下的99%的图书贡献了40%的销售额。"显然，头部图书和长尾图书在图书领域分庭抗礼。

亚马逊没有像大多数电商平台一样，将盈利的希望寄托于头部，

相反更加注重发挥长尾图书的价值。因此，亚马逊的商业模式就是长尾模式，并创立了"长尾理论"。

明确"长尾理论"，对于"长尾模式"的理解会更加容易和简单一些。"长尾理论"，即当商品储存、流通、展示的场地和渠道足够宽广，商品的生产成本急剧下降导致销售成本急剧下降时，以前看似需求量很低的产品，反而会有更多的人购买。这些需求与销量都很低的产品所占有的市场份额，可以与那些主流、头部产品的市场份额相比，甚至会更大。很多人往往注重头部效应，却忽视了长尾效应的力量。

这里我们以亚马逊的图书板块进行探讨和分析。

1. 玩法

（1）排行榜板块引导

亚马逊推出"销售排行榜""新书排行榜""每日TOP热卖榜""飙升排行榜""KU热门榜"等板块。这些排行榜中，不只是列出了排名靠前的畅销书，而是把所有图书都进行销量排名。这样做的目的，就是为了给非畅销书提供平等的在消费者面前曝光的机会。

（2）设置搜索引擎引导

亚马逊书店的主页里，为消费者提供了各种各样全方位的搜索方式，有对书名的搜索，对主题的搜索，对关键字的搜索，对作者的搜索等，多样化搜索引擎。便于用户根据自己的喜好方式进行搜索，把用户的需求朝着长尾的方向引导。

（3）同类图书推荐引导

当用户通过搜索栏找到自己想要的图书时，该页面还会包含其他同类图书的推荐。

比如，用户在搜索引擎中找到了《心理抚养》这本有关青少年心理教育的图书，在该图书的详情页内，亚马逊还会为其推荐与其有关的图书，如《父母话术》《青少年叛逆心理学》《妈妈的"战争"》《性格修正》等图书。

通过这种方式，可以让用户接触到更多同类的非畅销书，提升非畅销书售卖出去的机会。

2. 点评

亚马逊以长尾模式赚取了丰厚的盈利。该模式的优点在于以下两点。

（1）重塑小众商品价值

图书出版业本身是一个"小众产品"行业，市场中的大多数图书很难找到自己的目标读者，只有极少数的图书成了市场中的畅销书。

这些书中，那些长尾书（非畅销书）的销量极少，而出版、印刷、销售、库存成本却居高不下。这样长期以来绝大多数书店和出版商都以经营畅销书为主，靠畅销书获取利润。

随着网络书店的出现以及数字出版社的发展，长尾书获得了新的利润空间。亚马逊就像是一个巨大的数据库，线上书店售卖几百万种图书。在这个巨大的图书销售平台上，亚马逊借助相应的策略和方法，使得那些长尾书开始有了价值。

（2）有效减少库存占有率

对于绝大多数电商平台来讲，那些非畅销产品销售不出去，就会占去很大一部分库存面积，不利于货品的流通，更增加了库存成本。但亚马逊基于长尾模式，使得那些非畅销品与畅销品的边际利润相同，二者有相同的经济基础，具有相同的存货价值，有效减少库存占有率。

当然，自2019年，亚马逊中国停止了第三方卖家服务，全面停止了纸质图书的销售。这意味着无论是对于畅销书还是非畅销书，亚马逊更无须担心库存成本问题。

可以说，亚马逊的长尾模式，是对传统"二八定律"的挑战，证明互联网的低成本，让80%的低度消费者成为利润的重要来源。亚马逊借助长尾模式，使得平台上的任何东西，只要有一点点机会，都能通过适当的推荐，使其找到买主。这便是亚马逊长尾模式的成功之处。

腾讯：跨行模式，涉足多领域扩大商业版图

众所周知，腾讯以做社交平台起家，积累原始用户。但腾讯并不满足于创建QQ、微信、微博这样的社交网络平台，腾讯还涉足多领域，以此扩大自己的商业版图。这就是腾讯的跨行商业模式。

1. 玩法

腾讯的跨行玩法，主要体现在以下几方面。

（1）游戏

2007年，腾讯开始创建自己的游戏业务，向游戏市场挺进。腾讯在游戏的多个细分领域开拓市场，包括MOBA（多人在线战术竞技游戏）、FPS（第一人称射击游戏）、RPG（角色扮演游戏）、ACT（过关式动作游戏）、体育竞技、竞速、棋牌等，像知名的英雄联盟、穿越火线、王者荣耀等精品游戏由此诞生，并形成了专业化布

局，成为国内游戏行业的领军者。

（2）音乐

腾讯还在音乐领域进行了全面布局，QQ音乐、酷狗音乐、酷我音乐、全民k歌四大产品组成腾讯音乐娱乐板块。为用户提供在线音乐和丰富的音乐社区服务。

（3）动漫

动漫也是腾讯进行跨行布局的一个领域。腾讯动漫已经在产业链漫画、IP动画化、动漫游戏化、周边商品等领域取得了一定的成就，聚合了大批动漫粉丝。

（4）影视

腾讯还入局影视领域。在影视领域，腾讯打造了腾讯视频、微视、视频号、企鹅号等，构建了内容生态系统。此外，腾讯还将动漫和游戏IP引入影视作品当中，在扶植优秀内容生产者做大做强的同时，持续扩大了腾讯自身的影响力和商业变现能力。

（5）金融

腾讯在金融领域的布局，十分丰富。打造了财付通、微信支付、QQ钱包、腾讯理财通、腾讯微黄金，借助有效的技术支持，在为广大用户提供安全支付、理财等服务，更是为自身带来了一大波流量。

（6）资讯

资讯也是腾讯跨行布局的一个重要领域。腾讯资讯领域已经打造了腾讯网和腾讯新闻客户端两个部分，及时为广大互联网用户提供丰富有创意的网上资讯服务。这两个资讯平台，凭借优异的用户体验，吸引广大用户下载和使用。

（7）文学

腾讯还涉猎文学领域，建成了中国引领行业的正版数字阅读平台和文学IP培育平台，包括QQ阅读、起点中文网、创世中文网等知名文学网站。凭借丰富的作品储备量和内容品类覆盖量，腾讯在文学领域的布局，已经吸引了400万名创作者，并触达6亿用户。

（8）工具类

腾讯还为自己打造了一系列上网工具，如QQ浏览器、QQ邮箱、腾讯手机管家、腾讯电脑管家、腾讯地图等，这些工具都是网络用户必备的上网工具，满足了用户在不同场景中的使用需求。

（9）医美

随着我国医美行业的崛起，并已经形成了一条完整的产业链，利润空间巨大。腾讯便将目光放在了医美行业，开始不断加注布局。腾讯已经先后分别与四家医美行业公司合作，投资医美产品，迎来新商机。

（10）新零售

新零售也是近几年快速发展的领域。新零售打通了线上线下，并借助前沿科技，实现了零售智能化、智慧化，由此吸引腾讯在新零售领域的动作和布局。新零售先后与永辉、美宜佳、万达、家乐福、海澜之家等合作通过微信支付、腾讯云、小程序等工具，将人与商业链接起来。

2. 点评

腾讯跨行布局，为其自身带来的好处颇多，主要体现在以下几方面。

（1）快速扩大商业版图

腾讯可以说是中国互联网领域的龙头企业之一，它凭借自身实力，无论在社交、文娱，还是在金融、医美、新零售等领域都有涉猎，使得越来越多的人每天都在与腾讯之间有着千丝万缕的联系。腾讯向各领域迈进，开始攻城略地，获取流量，这足见腾讯商业版图的超强扩张速度。

（2）围绕社交形成一体化流量闭环

腾讯因社交而起家，具有天然的社交基因。腾讯借助跨行模式，搭上各领域发展的快车，将各领域作为自己的全新流量入口。这样的跨行布局，打破了腾讯自身的流量瓶颈，有效截取外生态流量，为自己的内生态输血。因此，腾讯使得自己围绕社交构建起了一个一体化流量闭环，让自己坐稳了移动媒体社交第一位的宝座。

（3）跨行合作实现多方共赢

腾讯与跨行业巨头合作，建立了良好的合作关系，一方面服务于传统企业和商家，使得传统企业和商家实现蝶变；另一方面又能推动自身云技术的发展，并带动自身的金融服务，让自身获利，从而构建了多方共赢的大好局面。

腾讯在众多领域辛勤耕耘，把自身从最原始的社交平台，变成如今枝繁叶茂的样子，甚至已经在很多领域的发展，已经奠定了一定的行业地位。腾讯能够有今天的成绩，主要靠的就是跨行模式。

当然，腾讯的商业版图还远远不止上述这些，随着腾讯的进一步壮大，相信未来会在越来越多的领域都能看到腾讯的身影。

斯沃琪：金字塔模式，借产品矩阵站稳市场

斯沃琪手表可以说是瑞士名表中的典范，它代表着世界名表中的青春力量。斯沃琪集团创建于1983年，至今历经40年的发展，斯沃琪已经牢牢占据手表爱好者的心，地位更是屹立不倒。根据最新的《瑞士手表业研究报告》显示，斯沃琪集团系列手表在瑞士手表零售市场中独占超过1/4的份额，在世界名表中引领时尚潮流。

但斯沃琪集团在成就辉煌之前，也经历过严峻的挑战和危机。斯沃琪从当时一个摇摇欲坠的公司，发展成为如今全球最大的钟表集团，其金字塔商业模式功不可没。

这里所讲的"金字塔商业模式"，主要是指产品的金字塔模式。在产品金字塔模式中，重要的是通过产品的不同风格、颜色、用料、工艺、功能、价格等方面来满足不同消费者的喜好。通常，处在金字塔顶端的是价格高，销量少的产品；处在金字塔最底端的是价格低，

销量大的产品。据此，我们深入探究一下斯沃琪的金字塔模式。

1. 玩法

斯沃琪手表共分为四大系列，分别是名贵奢侈系列、高端系列、中端系列、基础系列。每个系列都分布着多个牌子，共计18个品牌。从高到低，品牌个数比例为6∶3∶6∶3。

顶层—名贵奢侈系列：奢侈品，针对想要佩戴尽显奢华手表的用户，售价很高。针对如宝玑、宝珀、欧米茄等。

中上层—高端系列：优雅、经典类型产品，针对体现高大上品味的用户，售价较高。如浪琴、雷达等。

中下层—中端系列：中端产品，针对想要佩戴正式一些手表的用户，售价居中。如巴尔曼、天梭、雪铁纳等。

底层—基础系列：入门级别产品，针对对象是年轻人，售价不高。如斯沃琪、飞菲等。

为了更好地实现这一金字塔模式，斯沃琪共分为三步完成。

第一步，并购。

为了更好地实现从低端到高端产品线的建立，斯沃琪收购了大量手表品牌。

第二步，扩张。

在收购了大量手表品牌之后，斯沃琪开始不断向上游扩张，从而控制了机械机芯等与手表有关的75%的零部件市场。这一举措，使得包括劳力士、江诗丹顿、百达翡丽等知名品牌都不得不从斯沃琪手中购买机械机芯。

此外，斯沃琪还通过停止零部件供货的方式来打击自己的竞争对手。在瑞士有一个规定，那就是"没有使用机械机芯的手表，就不能自称'瑞士制造'"。在缺乏机械机芯的情况下，竞争对手的市场价值大打折扣。否则竞争对手如果想用斯沃琪的机械机芯，就必须标明用的是斯沃琪的机械机芯。所以，斯沃琪有效地控制和挤压了竞争对手的生存空间，使得自己的市场蛋糕越做越大。

第三步，销售。

当市场蛋糕做得足够大的时候，斯沃琪就开始发全力向下游的钟表零售市场挺进。它通过入股的方式成为亨得利表行的股东，获得了良好的销售渠道。

2. 点评

斯沃琪设计的产品金字塔模式，让自身成就了世界名表帝国的美誉，其精妙之处在于以下几点。

（1）借产品矩阵站稳市场

斯沃琪对产品进行等级设计，有效形成了产品矩阵。产品各自发挥自己所在层级的作用和价值，使得斯沃琪在不同级别的产品线上都能赚钱。这与那些一味做奢侈产品，或者一味走低端路线的品牌相比，形成强有力的"护城河"，全方位抑制了竞争对手的攻击，自然能稳获更高的市场占有率。

（2）满足不同消费需求

斯沃琪打造不同层次的产品，是站在用户的立场上去打造产品。这种"以客户为中心"的思维，已经远远超越了那些"以产品为中心"的思维。斯沃琪打造的奢、高、中、低端产品，有效扩大了客户群，满足了不同消费需求，覆盖了足够多的客户。因此，斯沃琪的成功具有必然性。

（3）掌控上下游价值链资源

斯沃琪在实现金字塔模式的过程中，对众多手表品牌进行并购，并进一步做了市场扩张、占据了优质销售渠道，这一切使得斯沃琪有效掌控了上下游价值链上的关键资源。谁掌握了关键资源，谁就能成为行业中最具影响力的产业霸主。斯沃琪成功做到了。

斯沃琪借助金字塔模式，拉长了产品战线，把控了手表行业，赢得了行业丰厚的利润。这就是斯沃琪金字塔模式的厉害之处。

樊登读书会：付费阅读模式，轻松演绎知识变现

樊登读书会，创建于2013年，是由前中央电视台节目主持人、MBA资深讲师樊登发起的一个做书籍精华解读的学习型社群，旨在"帮助那些没有时间读书或者读书效率低的人每年吸收50本书的精华内容"。

樊登读书会发展至今，已经积累了超过5000万用户，目前已经成为国内内容创业的一道绚丽风景。

为什么很多内容创业项目会以失败告终，而樊登读书会则可以一路高歌猛进？答案就在于樊登读书会的付费阅读商业模式。

1. 玩法

樊登读书会是如何玩转付费阅读模式的呢？

（1）定位于帮助国人养成阅读习惯

樊登读书会在创立之初，就做了品牌定位，致力于帮助国人养成阅读习惯。樊登每年会向用户分享50本书。每周更新一本优质书籍的精华解读，用视频、音频、图文、思维导图、电子书等多样化形式为那些没有时间阅读、不知道如何选择图书，以及希望通过读书来提升自我价值的人群，分享有价值的精华内容。

（2）解读书籍分类

樊登读书会在为用户解读书籍的时候，并不是盲目和随意进行，而是对解读的书籍进行分类。共分为以下几大类：

①心灵类

心灵类主要是一些为读者建立强大心灵屏障的书籍。如《跨越不可能》《与内心的恐惧对话》等。

②管理类

管理类主要是有关个人与企业管理、财经之类的书籍。如《人生只有一件事》《穿越寒冬》等。

③职场类

职场类主要是一些职场生存和发展之类的书籍。如《光环效应》《身为职场女性》等。

④家庭类

家庭类主要囊括亲子教育、夫妻相处之道方面的书籍。如《让孩子远离焦虑》《热锅上的家庭》等。

⑤人文类

人文类主要涵盖那些畅销的人文历史、名人传记之类的书籍。如《袁隆平的世界》《其后经济与人类未来》等。

⑥创业类

创业类主要包括那些创业思维、战略、模式方面的书籍。如《人心红利》《低风险创业》等。

⑦生活类

生活类主要涵盖了与生活息息相关的小窍门，以及生活常识、哲学等方面的书籍。如《高效休息法》《生活的哲学》等。

（3）打通线上线下渠道

樊登读书会的业务线上、线下全面覆盖。在线上通过视频、直播的方式为用户做知识分享。在线下，会举办各种书友会活动、主题演讲等。

（4）新用户7天免费体验，会员付费

樊登读书会为新注册的用户赠送7天免费VIP体验卡。如果用户在体验后，觉得樊登读书会分享的内容很有价值，对自己很有用，可以以付费购买的方式直接成为樊登读书会的会员，费用是365元/年。

成为正式会员后，用户可以享受50本好书免费畅听、免费学习思维导图、主题书单轻松选书、优享商城96折与每月30元代金券特权等专属权益。并能获得参与线下活动书友分享交流的机会。

此外，会员还可以在樊登读书APP上通过每日签到、分享好友注册、赚取积分，

（5）设立"阅读大使"计划

樊登读书会还专门设立了"阅读大使"计划，通过在线下与代理商合作的方式成立樊登读书会分会。分会可以售卖会员卡的方式发展新会员，并获得相应的利润分成。

（6）线上线下荐书变现

樊登读书会除了用会员付费模式变现之外，还会通过线上APP、直播、线下活动的方式来带货，实现流量变现。

2. 点评

在当今这个人们已经被海量信息淹没的时代，樊登读书会让人们爱上读书，愿意心甘情愿为之付费，原因在于以下几点。

（1）得到用户认可

樊登读书会的这种付费阅读模式，为人们提供了一个优质知识平台，使得那些想阅读却没有时间、不知道如何选书，想要提升自我的人，找到了一个快速阅读、掌握精华内容的捷径，让用户少走了很多弯路。这本身就是一种利他与造福社会的事情，能更好地得到人们的认可。

（2）满足不同用户需求

樊登读书会专门为阅读的书籍进行分类，实现了用户分类阅读，满足了不同用户的不同阅读需求，同时也节省了用户在众多书籍中搜寻的时间，使得用户能够快速触达自己想要阅读的内容。

（3）降低用户阅读成本

通常，人们想要阅读某方面的一本好书，需要花时间网上或线下书店搜寻，然后还需要花钱购买，并花大量时间去阅读。樊登读书会的付费阅读模式下，用户只需要花365元，就能一年读50本好书，无论时间成本还是购买成本，都低了很多。这一点对用户是非常利好的，也因此吸引广大会员付费加入樊登读书会。

（4）有效降低边际成本

对于樊登读书会自身而言，采用付费阅读模式，能够有效降低边际成本。

边际成本，就是获得每一个新客户的成本。一个企业、一个创业者，要想最大限度获利，就必须尽可能降低边际成本。

樊登读书会，不需要租赁店铺，也省去了店铺装修、库存等费用，把边际成本降到几乎为零。而且樊登给一个人读书和无数人读书，成本不会有丝毫增加。这样，樊登读书会就能有效减少运营压力，并轻松实现知识变现。

（5）有效减少用户流失率

成为樊登读书会的会员，不但可以享受每年50本书的精华内容，还可以享受诸多专属权益。这些增值服务，能有效增加用户黏性，减少流失率。

（6）变现渠道多样化

樊登读书会主要通过免费听书引流，以及代理宣传引流，然后打造了多个变现渠道，包括会员付费、代理商售卖会员卡，以及线上APP、直播、线下活动带货，实现了变现渠道多样化。

樊登读书会的成功，首先离不开它的定位。但更重要的是它的付费阅读商业模式。通过这一商业模式，让越来越多的人认识到樊登读书会，并在心里留下了深刻印象，使得樊登读书会快速打开市场，赢得了属于自己的一片天。

PART 03

第三部分

优 化

聚焦商业模式选择的智慧

>> 从0到1学商业模式

第十一章 CHAPTER 11

择善而从：
模式选择比努力更重要

对于企业家，尤其是创业者来讲，前期选择适合的商业模式，比后期的勤奋努力更重要。因为，好的商业模式关系着整个企业的发展成败。企业家、创业者、经营者不但要学习商业模式，还要学会选择商业模式，更要学会设计自己公司的商业模式。这样，才能提高创业的成功概率。

好的商业模式满足的标准

对于一个企业来说，选对了商业模式，相当于成功了一半。在选择商业模式的时候，要对商业模式有一个很好的判断，否则等到推行入市后才拿结果反馈做判断，无端消耗人力、财力、物力、时间等，无疑给企业增加了更多的试错成本，也会使整个企业的发展陷入被动状态。

那么如何来判断商业模式的好坏？好的商业模式需要满足哪些标准呢？

1. 轻资产

在当前人口红利即将消失殆尽、获客成本居高不下的时代，企业要想获得更好的发展，在市场竞争中取胜，不但要开源，更需要注意节流。如何以最小的投入，换来最大的利益回报，这才是当代企业选择商业模式时的首要标准。也就是说，轻资产是判断商业模式好坏的第一个标准。

"轻资产"是相对于"重资产"而言的。如果一个企业在运转的过程中，或做一个项目时，厂房、设备、原材料等方面的资金投入芝麻西瓜样样俱全，使得投入很多的启动资金，这就属于"重资产"。

如果一个企业在发展的过程中，大量投入无形资产，如企业的经验、规范流程管理、治理制度，以及个人的知识、技能、服务等，而减少资金成本的投入。那么这个企业的发展模式就属于"轻资产"模式。

> 比如万达集团，早期就是重资产发展模式，在之后的发展过程中，借助自己的筹资、开发、招商、运营、资产管理能力，逐渐从重资产转向轻资产。尤其是近几年，万达在全新的轻资产模式下，产业业务发展得非常迅速。
>
> 万达商业模式的创新，实现的第一个轻资产合作项目，就是位于北京丰台区的槐房万达广场。当时，万达就是看中了丰台区槐房自有土地开发建设的优势，与槐房进行合作，所以才摆脱了重资产的束缚，不必承受还本付息以及运营成本的压力，实现了旱涝保收。

轻资产的核心并不是实实在在的东西，而是一些看上去"虚"的东西，这些"虚"资产占用资金少，显得轻便、灵活。这就是一个好的商业模式必须具备轻资产特点的原因。真正高明的商业模式，就是拿别人的资金做自己的事。

2. 易操作

商业模式的作用就是帮助企业创造价值，赢得市场竞争优势。但如果一个商业模式看上去高大上，在操作的过程中却会存在很多难点和阻力，那么这样的商业模式并不能算作好的商业模式。

商业模式就好比是企业打猎的"猎枪"。猎枪简单好用，能打到猎物的机会就更大。猎枪不好使，打着了有的吃，打不着只能挨饿。所以说，商业模式不易操作，企业会做得很累，甚至有被"饿死"的风险。

3. 高利润

企业的持续经营和发展，需要靠强大的资金力量做支撑。好的商业模式，能够在推动企业发展的同时，帮助企业最大限度地获取高额的商业利润。所以，那些能为企业带来高营业额，却不能给企业带来高利润的商业模式，并不能算作好的商业模式。

4. 低风险

好的商业模式，还必须能经得起风险的考验。如果一种商业模式能为企业带来高利润，同时也隐藏着巨大的风险，这样的商业模式设计得再精妙、看上去再精巧，也不可取。对于一种商业模式来说，其稳定性不容忽视。

5. 易复制

这里讲的"易复制"，是对于企业自身而言的商业模式复制，而不是指竞争对手进行模仿。企业发展的最终目的，让企业通过模式化，实现规模化，让自己不断做大做强。很多企业在创建之初，会从单店做起，而这也就是我们常说的"样板店"。对样板店进行新的商业模式尝试，试错成本低。一旦样板市场取得成功，便可以想方设法将这一新的商业模式向更多的分店复制。这样，整个企业就能全面开花，更上一层楼。因此，商业模式易复制的特点非常重要。

6. 可调整

经济环境与市场发展是多变的，永远处于一个动态变化的状态。再加上知识与科技的快速更迭，就更需要一种好的商业模式能够将各种变化考虑进去。即便企业外部环境发生何种变化，商业模式都能随时进行适当的调整，以适应这些变化。

商业模式有很多，不同领域、不同行业，不同时代，都会有不同的商业模式出现。但无论何种商业模式，能够称为好的商业模式，即必须具备让企业健康发展、持续盈利的能力。这一条是亘古不变金规铁律。

适合自己的才是最好的

近几年,商界的发展风起云涌,企业竞争不断加剧,信息技术不断发展,使得新的商业模式不断涌现,比如免费模式、O2O模式、共享模式、砍价模式等。面对如此众多的模式,企业如何才能选对商业模式?

答案是:适合自己的才是最好的。

如何才能找到适合自己的商业模式呢?

1. 用敏锐的洞察力去发现

成大事者,必须要有非凡的洞察力,而不是随波逐流。一个成功的企业家、创业者、经营者,必须具备眼观六路,耳听八方的能力,要善于从优秀的同行业竞争对手、与自己经营内容相近的企业那里,发现优秀的商业模式。优秀的商业模式,对于自己企业的发展,有很重要的借鉴意义。这比自己盲目在众多商业模式中做选择来讲，省去了很多时间、精力，以及试错成本。

2. 善于取其精华有所舍弃

每个企业的属性特点、战略定位、发展路径大不相同，如果看到别人用的商业模式取得了成功，自己也去盲目跟风，不寻找适合自己的商业模式，那么这个企业是无法快速成长和壮大起来的。

商业模式，其实就是企业在发展过程中将商业理论运用于实践的过程。因此，选择商业模式时，要学会分辨和识别，要善于取其精华，舍弃与自己企业不相搭的东西，以保证商业理论与企业自身实际特点相符合。否则，盲目追寻已经成功的商业模式，而忽视结合自身实际情况是极其危险的。直接拿来生搬硬套，无异于照猫画虎，难以取得实际意义上的商业增值，甚至会让企业"大厦"瞬间倾覆。

> 淘宝就像是一个巨大的百货商店，涵盖商品种类丰富多样。由于成立最早，发展最好，淘宝可谓是电商领域的"大哥大"。
>
> 拼多多作为后起之秀，同样致力于做大型"百货商店"，但拼多多并没有完全效仿淘宝的商业模式，而是根据自己所处的时代环境、战略定位和自设特点，对淘宝的商业模式进行了创新和改良。
>
> 淘宝的绝大多数用户分布在一二线城市，其用户特点是：经济实力较雄厚，消费能力较强，消费人群年龄较低，更加注重个性化性格的张扬。
>
> 在这些领域的流量被其挖掘得所剩无几的时候，拼多多为了能够得到快速发展，甚至赶超这些电商领域的先驱者，就避开锋芒，另辟蹊径，将目光聚焦在农村这一有着强大且稳固群众基

础，但却未被全面"开垦"的流量富饶的地带，由此，决定了拼多多的市场定位必须走"低价"路线。

这样，拼多多就推出了拼团和砍价两大模式。事实证明，拼多多在巨头无争的地带，通过适合自己的商业模式，轻松获取了巨大的市场红利。否则，如果拼多多当时一味模仿淘宝的商业模式，学淘宝走路，硬着头皮往电商领域挤，拼多多只有死路一条，何来今天的成绩和地位？

在各种风口兴起的今天，没有最好的商业模式，只有更适合自己的商业模式。能够抓住机遇，找到适合自己的商业模式，那么企业在前行的路上就向成功更靠近了一步。

前瞻性指引长远发展

对于一个企业来讲，要想走得远，走得久，就需要具有前瞻性眼光，步步为营。

商业模式的本质就是将利益相关者聚集起来，将它们的资源能力投进来，形成一个交易结构，帮助企业解决如何快速赚钱，以及如何持续性赚钱的根本问题。在选择商业模式的时候，一定要看起是否具有前瞻性。

什么是"前瞻性"？就是眼光放得长远。

商业模式的创新，其实是一种新型业态的创新。谈到近年来企业优质商业模式的成功案例，可谓层出不穷，具有前瞻性的商业模式也不在少数。那么什么样的商业模式才具有前瞻性呢？这里我们从一个典型的案例说起。

京东7FRESH的生超商业模式，就是一种极具前瞻性的商业模式。

京东7FRESH，是京东开设的线下生鲜超市，主打生鲜海产品。7FRESH主要是利用京东生鲜优势，让消费者在最短时间里能够享受到最新鲜的全球食材。与此同时，京东还为消费者提供了店内烹饪服务，相当于直接将餐厅搬进了京东7FRESH。从这一点看，京东7FRESH和盒马鲜生的商业模式十分相似。但有一个不同之处，就是实现线上线下一体化。

当消费者在7FRESH门店拿起一个水果，将其放到指定区域，就可以在屏幕上看到这个水果的相关信息，包括产地、糖度、特点、食用方法等。

对于广大消费者来说，购买产品，更加关心的是产品的品质，但一直以来很多传统生超难以满足消费者的这一需求。而这也正是生鲜生意迫在眉睫考虑的问题。7FRESH的这一线上线下一体化模式，实现了商品的溯源与追踪，真正做到了让消费者买得放心。

显然，京东7FRESH的这一商业模式，既参考了盒马生鲜，又与盒马生鲜有着明显的不同。京东7FRESH把眼光放得更加长远一些，对传统商业模式进行了调整和改革，因此赢得了消费者的一致好评。

由此看来，真正优秀的商业模式，其前瞻性，并不是只看它在表面上能够为企业带来多大的利润，而是看它是否能够深挖用户最深层次的需求，并能在充分满足用户需求的基础上，为企业带来更多更大的利润和发展空间。利润固然重要，但发展空间更不可少。细水长流，比短暂繁华更具价值和意义。

衡量商业模式好不好，关键因素有很多，如果只从其为企业带来的利润大小做衡量，过于片面，也失去了商业模式应有的价值。具有前瞻性的商业模式，其实已经上升到了一个更高的层次和境界，更具远大格局。这样的商业模式，能让企业发展迅猛，更能为企业塑造持久的核心竞争力。

有效方能见成效

商业模式要解决的问题，就是企业如何有效达成自己的营销战略目标。任何一个企业，寻求并采用商业模式进行发展，都是为了能够让自己有效获得实实在在的价值和利润。

因此，选择商业模式的时候，一定要考虑其是否具有有效性。

如何衡量一种商业模式是否具有有效性呢？

1. 盈利能力

一个企业发展得好不好，首先看的就是其盈利能力好坏。而企业盈利能力，主要取决于其盈利模式。商业模式有很多种，不同商业模式其盈利模式也会不同，对企业盈利能力的影响也有所不同。好的商业模式，必定具有较强的盈利能力。

谈起咖啡品牌，市场中有很多知名品牌，如星巴克，它们的商业模式都是走高端路线。但85度C则一反传统商业模式，进行了商业模式创新。这也是它能够取得成功的秘诀，也是它能超越传统商业模式的关键。

1. 平价的奢华

85度C在创业之初，为了能够把自身做成差异化品牌，便选择与传统咖啡烘焙连锁店不同的商业模式。85度C的整体经营理念就是"平价的奢华"。

星巴克卖的是氛围，85度C卖的是性价比。85度C的每款产品，都是平价售卖。平价实际上相当于为其扩大了消费群体范围，无论是高级白领、普通打工者，还是学生、大众百姓，都是其消费群体中的一员。同时也因为平价而增加了消费者的消费频率。

85度C为了实现产品的"奢华"，采用素有贵族之称的咖啡做原料，使得咖啡天生自带奢华气质。此外还不惜重金，聘用东南亚五星级酒店的主厨做烘焙，再次塑造了品牌的高品质形象。

2. 即买即走

在星巴克，顾客买了咖啡，往往会坐下来休闲一两个小时。85度C则将店内的绝大多数面积都用来放冷藏柜展示自己的产品，而且临街迎门的地方通常都会摆放诱人的糕点。另外的空间就会摆放几张桌椅，以作点缀使用。这样，进店的顾客即买即走，有效提升了时间和坪效效率。

85度C并没有像其他同行竞争对手那样走高端市场，而是将价位放低、品质提升。虽然反其道而行之，看似并不明智，但85度C却通过其较高的盈利能力，以及只用不到七年的时间就成功上市的事实，向我们证明，其商业模式虽然不走寻常路，却十分行之有效。

2. 社会效益

模式的本质是结构。商业模式，就是利益相关者，包括股东、员工、供应商等的交易结构。因此，判断一种商业模式是否行之有效，就要看这一商业模式是否能创造更大的社会效益，为交易结构中的利益相关者，创造全局性增量，让每个人都能获得更多的盈利，实现共赢。

如果一种商业模式只为企业自身创造了价值，提升了增量，而其他利益相关者却没有得到任何益处，那么这一商业模式是失败的。

3. 客户价值

商业模式的最高进阶，就是实现和创造客户价值。那些规模较大的企业，如腾讯、阿里巴巴、百度等，都是借助商业模式，为客户实现价值，而且实现的价值比行业竞争对手要好、要多，这才是他们真正强大的原因，也是判断一种商业模式是否有效的重要因素。

什么是客户价值？

举个简单的例子。客户买书，其根本原因并不是为了买书而买书，而是为了达到很多目的，如增长知识、提升技能、升职加薪等。其实这些都是这本书背后隐藏的效用。

回归到用"客户价值"的问题上来。客户价值，就是客户从产品或服务中所获得的利益与付出的总代价的比较。

如何用客户价值的高低来衡量商业模式是否有用呢？要是对客户得到与付出的匹配度进行衡量。如果客户得到的产品或服务价值（功能、功效、用途、意义等给客户带来外显的与潜在的价值）与付出的价值（货币成本、时间成本、人力成本）不相匹配，那么客户就会逐渐流失，说明该商业模式具有低客户价值，不可取；如果客户得到的价值高于付出的价值，有利于客户沉淀和转介绍客户的增加，则这一商业模式具有高客户价值，是一种好的商业模式。

4. 投资回报率

好的商业模式，最基本的特征，就是具备价值创造的能力，即资本产出要大于资本投入。换句话说，就是投入的资本回报率高于资本成本。所以，投资回报率也是衡量商业模式是否有效的一个重要指标。

> 比如，一家生鲜企业为了实践某一商业模式，用于设备、厂房、专利、特许经营权等资产，以及劳动力成本的投入，最终以销售生鲜产品或服务收回投入资本，完成价值创造。在整个过程中，如果实现了价值增值，那么就说明投资回报率高，意味着这一商业模式具有有效性。

商业模式好不好，实施效果见分晓。企业家、创业者、经营者切不可只从表象判断商业模式的好坏而盲目选择，应该透过现象向更深层次做剖析，才能找到真正有效的商业模式。

在变革中与时俱进

时代在不断变化中前行,经济环境在不断演变中推进。在不同时代,不同经济环境下诞生、发展的企业,应当用一种变化的思维和眼光去看待和选择商业模式。

商业模式是企业发展过程中,必须格外重视的一部分,商业模式的选择可以决定一个企业的成败。并不是任何一个时期,任何一个环境下,都可以凭借同一种商业模式在市场中取胜。我们甚至可以毫不夸张地说:一种商业模式,最多只能存活20年,市场、环境和技术的变化速度之快,以至于今天的商业模式难以保障明天的成功。

因此,找出适合你的商业模式,也需要在大环境的变化与变革中与时俱进。

1. 做好转型思想准备

对于有一定发展基础的企业，要想让自身能够在市场中站稳脚跟、持续盈利，就要先改变自己的守旧思想。选择一个全新的、符合时代发展的商业模式，就意味着要做好转型的思想准备。以往的商业模式太过老旧，已经不再适合时代的发展。在与时俱进中选择全新的商业模式，是企业进入新维度获得全新竞争优势所迈出的第一步。

2. 迎合时代发展趋势

在物质极为丰富、人们生活水平逐渐提高、人们认知渠道和能力不断提升、全新信息技术不断涌现的今天，市场竞争越来越激烈，那些想要靠以往的商业模式占领市场的企业，显然已经在当前这个时代行不通了。

在互联网、移动互联网出现之后，"懒人经济"有了极大的施展空间，以往的单一线下实体店销售模式，受到了线上网店的冲击。如果只做线下模式，企业、商家会走得很艰难。O2O商业模式的诞生就具有了必然性。

在当下短视频带货、直播带货迅猛崛起之际，如果线上商家依旧只做传统电商O2O模式，商品的曝光率显然会因此而受限。在保证合法、合规的基础上做短视频带货、直播带货，为企业、商家带来的流量和销量，较以往的传统电商O2O模式而言，是十分可观的。

这里举个实例。在过去，人们旅游就是看看美景，游山玩水，感受一下大自然对人类的美好馈赠。随着5G、人工智能、AR、VR等先进技术的出现，旅游业则更加注重与先进技术的融合，为用户体验、品牌传播等提供强有力的支撑。由此，新的商业模式——"旅游+VR"模式，成为时下十分受旅游界青睐的商业模式。

以国家5A级景区白水洋·鸳鸯溪为例。该景区为用户打造了一个720°全景VR服务功能，用户可以通过一个菜单，将景区内的不同景点进行分类，直接在菜单中点击想要查看的景点进行了解，方便游客提前一览目的地风光，并定制游玩攻略、观赏路线等。这对于初次来该景区游玩的游客来讲，游览逻辑清晰，只要跟着定制的路线游玩即可，有效避免迷路的风险，节省了游玩时间。

此外，该景区还在这套全景VR中增加了语音讲解功能。并且将景区产品链接植入这套系统当中，全面服务于游客，方便游客下单购买。

总而言之，任何企业在选择商业模式时，都必须关注和迎合时代发展趋势。与时俱进的商业模式，才更具吸金能力。